Die Basis trägt
Die Pariser Basis und der CVJM heute

Ulrich Parzany (Hg.)

Die Basis trägt

Die Pariser Basis und der CVJM heute

Mit Beiträgen von
Hans-Joachim Eckstein,
Ulrich Parzany und
Wilfried vom Baur

aussaat

Verlagsgesellschaft des Erziehungsvereins mbH,
D-47506 Neukirchen-Vluyn
Umschlaggestaltung: dtp+design Reichert, Dormagen
unter Verwendung eines Fotos von © Photodisc
Gesamtherstellung: Breklumer Druckerei Manfred Siegel KG
ISBN 3-7615- 5346-3
Bestell-Nr.: 155 346
Printed in Germany

Inhalt

Vorwort

Die Basis trägt

Mit der Pariser Basis erklären wir, dass allein Jesus Christus die Mitte und das Fundament ist, auf dem das Haus unseres Lebens, aber auch das Haus des CVJM steht. „Einen anderen Grund kann niemand legen, als den, der gelegt ist, welcher ist Jesus Christus." (1. Korinther 3,11)

Die Basis trägt. Das bezeugen wir heute – 150 Jahre nachdem die Pariser Basis bei der Gründung des Weltbundes der CVJM formuliert und beschlossen wurde. Wir feiern dieses Jubiläum, indem wir das leben, wozu wir uns in der Pariser Basis verpflichtet haben.

In diesem Buch vergewissern wir uns zuerst der biblischen Gültigkeit der Pariser Basis. Prof. Dr. Hans-Joachim Eckstein hat die Pariser Basis in seinen biblischen Vorträgen über Johannes 11 und Johannes 20 beleuchtet. Jesus Christus als Gott und Heiland anerkennen? Professor Eckstein führt in seiner ersten Bibelarbeit zu Johannes 11 aus:
„Je tiefer die Not ist, desto höher muss die Christologie sein – und bitte nicht umgekehrt! Es hilft niemandem, wenn wir ihm zu allem Leid und zu aller Verzweiflung auch noch die Zuversicht zu Gott nehmen und damit seine letzte Hoffnung rauben. Was immer ihr verändert am CVJM, meint bloß nicht, wir könnten etwas verbessern, indem wir die Christologie opfern. Wenn wir einen Schatz haben in unserer Tradition von den ersten Anfängen an und bis heute, dann ist es die „Christozentrik" unserer Arbeit, dann ist es die uns alle verbindende Gewissheit, dass wir es in unserem Glauben und Erkennen mit Jesus Christus als unserem „Gott und Heiland" zu tun haben. Strukturen kann man wandeln, Aktualisierungen sind immer wieder aufs Neue notwendig, Verbesserungen sind jederzeit und überall willkommen. Der Schatz aber unserer Pariser Ba-

sis ist, dass sie von einem redet, nämlich von Jesus Christus in Person, nach dem dann immer wieder neu und aktuell und anders gefragt und gesucht werden kann und soll.“

Prof. Eckstein hat die beiden hier vorgelegten Vorträge zuerst auf dem CVJM-Kongress 2003 in Gera gehalten, der unter dem Thema stand „Zukunftsfähig durch Zusammenarbeit“. Die Form der Rede ist auch in der Bearbeitung für dieses Buch weitgehend erhalten.

Pfarrer Wilfried vom Baur zeichnet im dritten Teil dieses Buches in Kürze die Entstehung und die Wirkungsgeschichte der Pariser Basis. Ein erstaunlich wirksames Wort der neueren Geschichte der Christenheit! Sie ist nicht von Theologen nach langen Debatten und auf Grund umfangreicher theologischer Gutachten entwickelt, sondern von einigen, meist jungen Männern als Ausdruck ihres gemeinsamen Glaubens und als Basis für ihre Zusammenarbeit über Grenzen hinweg formuliert worden.

Ich habe im zweiten Teil des Buches die vielgestaltige Arbeit des CVJM heute skizziert und zur Pariser Basis in Beziehung gesetzt. Ich bin überzeugt, dass die Pariser Basis uns im CVJM als ein wegweisendes prophetisches Wort geschenkt worden ist. Anders lässt sich die fortdauernde Aktualität dieses Wortes nicht begreifen. Wir tun gut daran, unser Leben und unsere Arbeit im CVJM immer wieder an der Pariser Basis zu orientieren, weil sie uns so eindeutig auf Jesus Christus und die Bibel verweist.

Die Pariser Basis fordert uns im CVJM immer wieder neu heraus, der Berufung zu folgen, die Gott dem CVJM gegeben hat. Der CVJM wird Zukunft haben, solange er seiner Berufung treu bleibt.

Ulrich Parzany
Generalsekretär des CVJM-Gesamtverbandes
in Deutschland

Hans-Joachim Eckstein

Erinnerung an die Zukunft

Bibelarbeit über Johannes 11, 1-44

„Die Christlichen Vereine Junger Menschen haben den Zweck, solche jungen Menschen miteinander zu verbinden, welche Jesus Christus nach der Heiligen Schrift als ihren Gott und Heiland anerkennen, in ihrem Glauben und Leben seine Jünger sein und gemeinsam danach trachten wollen, das Reich ihres Meisters unter jungen Menschen auszubreiten."

Als ich diese grundlegenden Formulierungen der „Pariser Basis" das erste Mal ohne abzulesen vortragen konnte, durfte ich anschließend ein Halstuch zu meinem Fahrtenhemd tragen und war mit 14 Jahren „ein Mann" geworden. Das ist aber schon einige Jahre her, und bereits damals galt uns dieser Text als altehrwürdiges Gründungsdokument. Wie kommen wir also darauf, uns einen solch alten Text der *Vergangenheit* zu *vergegenwärtigen*, wenn wir von der *Zukunfts*fähigkeit des CVJM reden wollen?

Jesus Christus – zu ihm lassen sich sicherlich noch irgendwie vertraute Vorstellungen in die Zukunft mitnehmen. *Jesus von Nazareth*, ein „Jugendleiter", wie vor ihm keiner und nach ihm kaum einer, ein vorbildlicher Mensch, ein fantastischer Pädagoge, ein Erzähler von Geschichten, ein überzeugender Charakter. Aber Jesus, *der Christus*? Christus – ein Name für große Erwartungen, ein Name für das, was Erfahrungen sprengt. Und dann auch noch Jesus Christus als *Gott*? Geben wir zu, wir haben, als wir diesen Text auf seine Zukunftsfähigkeit geprüft haben, hier sicherlich ein rotes Fragezeichen gemacht.

Jesus ist *Gott*? „Gottes *Sohn*" im weitesten Sinne vielleicht. Ich erinnere mich daran, in einem „Gottessohn"-Seminar in den siebziger Jahren ein Buch in die Hand bekommen zu haben, in dem Gottessöhne der Geschichte vorgeführt wurden. Das letzte Bild in diesem Buch war ein Bild des damaligen Bundeskanzlers, was wir schon seinerzeit relativ geschmacklos fanden. Gottes Sohn – im Sinne von „Du bist ein Göttlicher"? Das geht. Aber ist Jesus Gott? Ist nicht nur Gott, der Vater, Gott? Wieso ist Jesus *Gott und Heiland*? Man kann Heiland auch mit Retter oder Erlöser übersetzen, auch wenn das konventionelle Wort „Heiland" eigentlich etwas Umfassenderes, Schöneres und Wärmeres bedeutet.

Aber hier stoßen wir an unsere Grenzen. Wir lassen uns als Menschen der Gegenwart nicht gerne auf etwas festlegen, was unserem Blick und unserer Erfahrung entzogen ist. Wir sind auf uns selbst geworfen, wir müssen unser Leben als Individualisten selbst konstituieren und begründen. Wir müssen uns in unserer Zeit und Gesellschaft selbst behaupten oder gehen unter. Da stört es, von einer Wirklichkeit zu reden, die sich uns und unseren eigenen Möglichkeiten so gänzlich entzieht.

Und das Zweite: Nicht nur die Bezeichnung Jesu als *Gott* ist in dieser Wendung anstößig, auch der Begriff des *Heilands*, des *Retters*. Wollen wir im Ernst weiter damit fortfahren, den Menschen mit dem zu konfrontieren, was er *nicht* ist? Wie schwierig ist es gegenwärtig, jemanden auf seine Fehler anzusprechen. Denn wenn jeder seine eigene Welt und seinen Himmel selbst aufbauen und darstellen muss, kann er nicht mehr recht kritikfähig bleiben. Wir lassen uns nicht gerne bei unserer Bedürftigkeit und unserem Angewiesensein behaften. Eine Lehre vom Menschen, die zukunftsfähig sein will, sollte heute doch eher im Gewand der Bestätigung daherkommen. Sie sollte eine Lehre sein, die den Menschen so lässt, wie er ist. „Ich möchte bleiben, wie ich bin!", heißt die Losung. Und die Antwort lautet: „Du darfst!" Aber darin liegt zugleich der Fluch! Der neuzeitliche Mensch ist auf sich selbst geworfen.

Er hat keinen Himmel, von dem er träumen darf und zu dem er fliehen kann. Und der Mensch wird bei dem angesprochen und auf das festgelegt, was er selbst und aus sich selber ist. Entfalte, was du bist! Das ist die Botschaft, die wir noch vermitteln können: Sei, der du bist! Aber was ist mit all denen, für die die Welt ohne einen Gott und einen Himmel eben nicht eine erfüllte Welt ist? Was ist mit denen, die dann, wenn sie auf sich selbst zurückgeworfen sind, sich als unglücklich, unerlöst und heillos wahrnehmen? Die Aufklärung hatte für bedrängte und geduckte Menschen lange Zeit die Botschaft des Aufbruchs und des Fortschritts, der Erlösung und Befreiung. Sie ist aber für viele von uns längst zum Fluch der Selbstüberschätzung und Selbstüberforderung geworden.

Die Pariser Basis formuliert auf der Höhe des Neuen Testamentes, auf der Höhe des christlichen Bekenntnisses: Es geht zentral um eine *Person* – Jesus Christus. Und es geht um diese Person als *Gott*. Es geht um ihn als den *Heiland*, als den Retter und Erlöser.

Wir blicken in die Zukunft. Wir wollen uns für die Zukunft des CVJM rüsten und besinnen uns in der Gegenwart. Doch wie machen wir das? Wir besinnen uns in der Gegenwart, indem wir zurückgehen auf die Gründererklärung, die hundertfünfzig Jahre zurückliegt. Aber es reicht noch nicht, dass wir einhundertundfünfzig Jahre in unserer CVJM-Geschichte zurückgehen, sondern wir gehen in unserer Geschichte gleich 2000 Jahre zurück und nehmen einen Text des Neuen Testamentes, um von ihm her unsere Gegenwart zu bedenken.

Die Vergangenheit, die ihre Zukunft noch vor sich hat

Das ist ungewöhnlich in unserer heutigen Zeit, die eher vergangenheitsvergessen und gerade deshalb zukunftsverloren ist. Wir aber wollen uns nun auf die Wurzeln des CVJM besinnen, indem wir den Samen des Baumes, der diese Wurzeln austreiben und wachsen ließ, neu betrachten. Das ist ein ‚unzeitgemäßes' Phänomen, fast analogielos in unserer gesellschaftlichen Situation. Und dennoch hat es Tradition. Wir haben nicht zufällig das Johannesevangelium ausgewählt als Grundlage für diese Rückbesinnung auf den Samen, der den großen und weitverzweigten Baum des CVJM Wurzeln schlagen lassen konnte. Wir haben mit Bedacht diesen Weg gewählt, weil das Johannesevangelium selbst genau das tut, was wir zu tun gedenken.

Wer das Johannesevangelium unbedarft liest, könnte den Eindruck gewinnen: Hier redet ein Schwärmer. Hier schreibt einer, dem es offensichtlich gut geht. Hier sprudelt der Glaube so begeistert wie in den Lobpreisliedern, die wir singen. Hier ist der Himmel aufgerissen und es eröffnet sich ein unmittelbarer Zugang zu Glaube, Erfahrung und Gefühl. Das Johannesevangelium wirkt völlig überschwänglich. Wir würden heute sagen, es ist ein bisschen „schwärmerisch" und „enthusiastisch". Wenn einige Gruppen anfangen abzuheben und nur noch nach dem Luftkissen-Prinzip ihren Alltag bewältigen wollen, denken wir: „Leute, kommt wieder auf den Boden, erdet euch wieder, seid problembewusst, lügt euch über die Wirklichkeit der Welt nicht hinweg." Aber wir tun dem Evangelisten wohl Unrecht, wenn wir ihm vorwerfen, er habe die Wirklichkeit der Welt verlassen.

Johannes ist gewiss kein Jammerer. Er ist nicht einer, der das Evangelium immer nur so artikulieren kann, dass er über die Zustände der Welt klagt. Es mag bei uns durchaus verbreitet sein, dass wir bei der Verkündigung des Evangeliums eher die Welt beklagen als den Himmel zu loben. Wir preisen weniger die Erlösung, die wir selbst erfahren haben, sondern bejammern lieber die Unerlöstheit der anderen – oder doch die eigene? Wir versuchen durch die Negation des Negativen die nicht vorhandene Position zu ersetzen. Je mehr wir lamentieren – so hoffen wir –, wird sich die Lücke, die wir wortreich kennzeichnen, schon irgendwie füllen. Nur können wir auf diese Weise keinen Menschen wirklich missionieren oder auch nur uns selbst aufbauen. Denn „Mission" steht eigentlich für Botschaft und Sendung, und „Erbauung" meint ursprünglich konstruktive Förderung und begründete Aufrichtung.

Nein, Johannes hat gerade eine Gemeinde aus solchen Verzweifelten und Verzagten vor Augen, denen die Zukunft verbaut und der Himmel verschlossen erscheinen. Von wegen, „ihr werdet den Himmel offen sehen". Nun ist deren Enttäuschung durchaus nicht grundlos. Sie sind nicht einfach nur müde und übersättigt. Die Gemeindeglieder, an die Johannes schreibt, haben Ablehnung und Verfolgung erfahren. Auch sie, die aus einer jüdischen Umgebung stammen und großenteils in der Synagoge groß geworden sind, mögen durchaus einmal euphorisch zum Glauben gekommen sein. Aber nun zeigt sich im Alltag, dass ihr Glaube nicht nur lebensfördernd ist, sondern ihnen auch Nachteile einbringt. Es erweist sich, dass sie sich durch ihr Bekenntnis und ihre gelebten Überzeugungen auch Widerstand und Schwierigkeiten einhandeln. Es ist nicht mehr so wie am Anfang – sie haben Gegenwart und Zukunft verloren.

Damit wir uns nicht falsch verstehen: Das Johannesevangelium ist nicht das Schreiben an einen eingeschlafenen oder abgefallenen „CVJM" irgendwo in der Provinz, ob in Ephesus oder in Syrien. Nein, es handelt sich um eine Gemeinde, der man von außen gar nichts Verdächtiges ansehen muss. Wir sprechen von einem „Verband", der immer noch ganz dazugehört. Aber der Evangelist spürt, dass ihre Rede vom wahren und neuen Leben nicht mehr wirklich von Leben erfüllt ist, dass ihr vertrautes Bekenntnis der Lippen nicht mehr von Überzeugung getragen und ihr verzweifeltes Festhalten am Glauben nicht mehr von Hoffnung bestimmt sind.

Was machen die Evangelisten eigentlich, wenn sie Jahrzehnte nach dieser Begegnung mit Jesus, nach den Erfahrungen mit dem Auferstandenen und in der tragenden Lebensgemeinschaft der Urgemeinde, wenn sie Jahrzehnte später *Evangelien* schreiben? Wenn ich heute eine Gemeinde oder Gruppe kennen würde, bei denen ich mir aus tiefer Verbundenheit Sorgen um ihre Entwicklung und Zukunftsfähigkeit machen würde, dann läge es mir nahe, ihnen einen *Brief* zu schreiben und mit ihnen in der Gegenwart zu argumentieren, denn ihre Probleme sind ja gegenwärtig. So hat es Paulus oft getan. Er sah in Korinth oder in Galatien Probleme und er wandte sich an sie, indem er als im Brief Gegenwärtiger aus seiner Gegenwart heraus und in die Gegenwart hinein mit guten Argumenten an seine Gemeinden schrieb.

Der Seher der Apokalyptik macht etwas anderes. Er sagt: „Ich sehe, dass eure Gegenwart hoffnungslos ist. Euer Problem ist: ihr seid nicht zukunftsfähig, denn ihr habt die *Zukunft* aus dem Blick verloren. Das lässt euch verzagt sein." Was schreibt er dann im Namen Gottes? Er schreibt ein Buch, nämlich die Offenbarung des Johannes, in der er der Gemeinde ihre *Zukunft vergegenwärtigt*. Die Offenbarung des Johannes beschreibt die Zukunft – aber nicht etwa um ihrer selbst willen und in Gegenwarts- und Alltagsvergessenheit, wie es manchmal in frommen Zirkeln erscheint, in denen man nur über apokalyptische Zeichen und Abläufe und über die aktuellen Verkörperungen des Antichristen spekuliert. Nein, es geht dem Seher der Offenbarung um wirkliche und wirksame Zukunft, die die Gegenwart neu gestaltet.

Man kann eine verzagte Gemeinde also – in Form eines Briefes – auf der Ebene der *Gegenwart* ansprechen, indem man mit ihr argumentiert und ihre gegenwärtige Situation unmittelbar thematisiert. Man kann die Zukunftsfähigkeit herzustellen suchen, indem man sich – z.B. in der Sprach- und Bilderwelt der Apokalyptik – neu auf die *Zukunft* konzentriert und an dieser auf die Zukunft bezogenen Sicht seine Gegenwart neu orientiert.

Was aber macht der Evangelist? Er macht etwas noch viel Anschaulicheres – obwohl es zunächst noch sehr abstrakt klingen mag. Johannes möchte seine Gemeinde, die gegenwärtig verzagt ist – „in der Welt habt ihr Angst, Trübsal, Drangsal" – für die Zukunft fähig machen. Wie macht er es? Nicht in der Form eines *Briefes* – Gegenwart zu Gegenwart –, nicht in Gestalt der *Apokalyptik* – im Entwurf der Zukunft, auf die wir zuleben –, sondern er geht zurück aus der verzagten Gegenwart in die *Vergangenheit*. Zurück, zurück, zurück – bis zu dem Punkt, als die *Gegenwart* der Urgemeinde noch *Zukunft* hatte. Um für die Zukunft fähig zu werden, besinnt er sich in der Gegenwart auf die Grundlagen des Glaubens. Er gedenkt der *Vergangenheit* um ihrer *Zukunft* willen.

Nun meinen wir, das bereits zu kennen: Oft gehen wir in unserem Leben zurück, wenn wir Angst vor der Zukunft haben. Fühlen wir uns in der Gegenwart bedroht und gefährdet, dann neigen wir dazu, uns wie ein Maulwurf in der Vergangenheit zu verkriechen – freilich um ihrer selbst willen. Und je älter wir werden, je mehr unsere Energie und Vitalität, aber auch unsere Illusionen und Träume von den eigenen Möglichkeiten abnehmen, desto mehr sind wir versucht, uns in unsere Erinnerungen an die Vergangenheit zurückzuziehen. Wir schwelgen in den alten Zeiten und wagen uns an keine neuen Pläne und Gedanken mehr heran, bis wir zu guter Letzt für die Wahrnehmung anderer nur noch aus Vergangenheit bestehen. Ist das der Sinn, ist das die Wirkung dieses Evangeliums? Nein! Ganz gewiss nicht.

Der Evangelist erinnert seine Gemeinde an ihre Vergangenheit – um ihrer Zukunft willen. Der entscheidende Punkt ist, dass die Evangelien die Geschichte nicht um der Geschichte willen bedenken und die Vergangenheit nicht nur um ihrer selbst willen erinnern. So gedenken auch wir heute der Pariser Basis, wir gedenken des Neuen Testamentes nicht einfach, weil wir verliebt sind in die Vergangenheit oder weil wir verlegen sind in unserer Gegenwart, sondern wir gedenken der Vergangenheit unserer Geschichte um ihrer noch nicht eingelösten Zukunft willen.

Sie erinnern sich daran, wie Jesus von seinem himmlischen Vater verkündigt und sich Menschen liebevoll zugewandt hat. Sie erinnern sich, wie Jesus von dem Gekommensein des Reiches Gottes und von seinem eigenen zukünftigen Wiederkommen sprach, wie er Frauen, Männer und Kinder von ihren Krankheiten und Bindungen heilte und erlöste – erlöste aus einer ähnlichen Verzweiflung und Mutlosigkeit, wie sie auch die gegenwärtigen Gemeinden bestimmen; erlöste aus demselben Zweifel und Unglauben, aus Lethargie und Enttäuschung. Damals hat es Jesus geschafft, Frauen und Männer zukunftsfähig zu machen. Er hat ihnen die Angst und Mutlosigkeit genommen und ihnen Hoffnung gegeben, in ihnen Vertrauen und Zuversicht geweckt.

Nun ist es keine Frage, dass die johanneische Gemeinde zu ihrer Zeit – wie auch wir als CVJM gegenwärtig – durchaus noch ihr Glaubensbekenntnis und ihre Glaubensüberzeugungen hat. Die Gemeinde weiß sehr wohl noch von dieser alten romantischen Zeit zu berichten, als Jesus, begleitet von vielen begeisterten Frauen und Männern, von Galiläa nach Jerusalem zog und für sie unmittelbar zu hören, zu greifen und zu erfahren war. Das hat sie sehr wohl noch in Erinnerung. Aber ihre Erinnerung gibt ihr eher Anlass zu Wehmut und Trauer als zu Freude und Zuversicht. Sicherlich hat die Gemeinde damals – wie auch wir heute – zu dem Stichwort Zukunft durchaus noch eine dogmatisch korrekte Antwort – sie weiß um die Verheißung des Wiedersehens mit Jesus und der Auferstehung der verstorbenen Christen am Jüngsten

Tag. Aber diese christliche Hoffnung bestimmt und erfüllt nicht mehr den Alltag der Glaubenden, sie ist vielmehr abgesetzt von ihrer Wirklichkeit und isoliert von ihrer Erfahrung. Für die johanneische Gemeinde hat weder die Vergangenheit noch die Zukunft wirklich und wirksam etwas mit ihrer Gegenwart zu tun. Sie lebt nicht mehr aus dem Reichtum der Vergangenheit und noch nicht aus der Fülle ihrer Zukunft. Und gerade deshalb möchte der Evangelist mit der Gemeinde zu den Wurzeln zurückkehren, damit sie sich an die grundlegende Vergangenheit erinnern – nicht als an eine „vergangene Vergangenheit“, sondern als an eine Vergangenheit, die ihre Zukunft noch vor sich hat.

Damit es nicht zu kompliziert erscheint: Wir kennen das auch heute noch gut aus unserer eigenen Biografie. Was war an unseren jungen Jahren der größte Reichtum? Warum schwärmen wir bei dem Silbernen-Abitur-Treffen von den „seligen alten Zeiten“. War es die Tatsache, dass wir damals noch kein Geld hatten und uns all das nicht leisten konnten, wovon wir träumten? War es das Faktum, dass wir eingesperrt waren in soziale Verhältnisse, die wir eigentlich so nicht wollten und in denen wir uns oft missverstanden fühlten? War unser Ort, war unsere Jugendarbeit und Gemeinde etwa der Himmel auf Erden? Das alles kann es wohl kaum gewesen sein. Wenn wir ehrlich sind, war das Faszinierendste an unserer Vergangenheit – ihre *Zukunft*. Wir hatten damals Zukunft in Fülle. Alles für uns Entscheidende – das eigentliche Leben selbst – lag vor uns. Wir standen vor einem weiten Land der völlig offenen Möglichkeiten.

Ich erinnere mich noch an die ausgelassene „Abi-Feier“, bei der fast alle – zumindest nach dem dritten oder vierten Glas – die unbegrenzten Möglichkeiten ihrer zukünftigen Selbstentfaltung vor sich sahen. Der Schulsprecher wollte Bundeskanzler werden – er ist es glücklicherweise bis heute noch nicht geworden. Der andere wollte zum Radio oder Fernsehen gehen, der dritte dachte an das schnelle Geld. Wir waren voller Pläne. Wir strotzten nur so vor Zukunft.

Nun können wir einwenden, dass das doch alles Wunschbilder waren. Was helfen Illusionen bei der Bewältigung der Wirklichkeit? Auch eine christliche Hoffnung, die nur auf eine ausstehende Zukunft vertröstet, kann doch keine Lösung sein. Gewiss, wenn Zukunftshoffnung nichts ist als Illusion und Flucht vor der Gegenwart, dann ist sie in der Tat lebensabträglich. Aber ein Mensch ohne existenzbestimmende Hoffnung ist andererseits schon in der Gegenwart verloren. Hoffnung gehört ganz existentiell zu unserem Leben. Ein Mensch, der die Zukunft nicht offen vor sich sieht, kann in der Gegenwart nicht bestimmt leben. Wenn wir uns also als Christen auf die Zukunft besinnen, dann vertrösten wir uns nicht billig, dann lenken wir nicht von Gegenwart ab, sondern wir versuchen das zu vergegenwärtigen, was uns in der Gegenwart Zukunft eröffnet.

Hoffnung ist eine Realität, die nicht erst dann trägt, wenn sie sich erfüllt. Hoffnung ist eine Realität, die in Anfechtung, die bei Ermanglung von Erfahrung und Gefühl schon gegenwärtig Wirklichkeit verändert und zur Erneuerung und zum Neuanfang motiviert.

Das Johannesevangelium im Johannesevangelium

Wir wollen zu all dem zwei Texte aus dem Johannesevangelium bedenken, zunächst Joh 11 und im Anschluss dann Joh 20. Da die Pariser Basis von der historischen Formulierung her nach wie vor die Damen nötigt, sich inklusiv mit zu verstehen, wollen wir einen kleinen gerechten Ausgleich schaffen und zwei Texte aus dem Johannesevangelium heranziehen, in denen es eben nicht um Jünger geht, sondern um Jünger*innen*. Jetzt dürfen wir als Männer einmal die Leistung vollbringen und uns hineindenken in das, was ursprünglich zu Frauen gesagt und von Frauen erfahren wurde.

Im Herzen des Johannesevangeliums steht ein Text, den man mit Grund als das „Johannesevangelium im Johannesevangelium" verstehen kann. Wir haben in Johannes 11 das ganze Evangelium *in nuce*, im Kern, zusammengefasst. Der Evangelist beschreibt am Ende von Kap. 20 Sinn und Absicht seines ganzen Unterfangens so: „Dies ist geschrieben, damit ihr glaubt, dass Jesus der Christus ist, der Sohn Gottes – er ist nicht nur Mensch, er ist 'Gott und Heiland'! –, und damit ihr als Glaubende das Leben habt in seinem Namen" (20,31). Dabei ist „Leben" in einem ganz gefüllten und erfüllenden Sinn gemeint – „Leben im Überfluss" (Joh 10,10). Dies wird an Joh 11 anschaulich und deutlich.

Freilich handelt es sich hier um eine Erzählung, die zunächst so traurig anfängt, wie sie nur anfangen kann. Sie beginnt mit der Todkrankheit eines Menschen. Lazarus, der Bruder zweier Schwestern, liegt im Sterben. „Herr, siehe, den du lieb hast, der liegt krank" (11,3). Ich weiß, dass viele, viele Christen im Lauf der Geschichte allein diesen einen Vers in Verzweiflung gebetet haben. Denn diese Worte drücken den Widerspruch unserer Wirklichkeitserfahrung aus. Wir bekennen, dass wir in unserer Situation nicht verlassen sind. Wir klammern uns daran, dass wir geliebt sind, dass es jemanden gibt außerhalb unserer Gefühle, außerhalb unserer Wirklichkeit, außerhalb unserer Erfahrung, und dass diese Liebe, die wir dort erfahren, unser ganzes Leben tragen kann und will.

Glaube ist *Beziehung*! Glaube ist nicht nur ein „Für-Wahr-Halten". Glaube ist nicht nur Engagement und Tun, sondern viel mehr! Die Grundlage des Glaubens ist die Erkenntnis, dass es jemanden gibt, der uns liebt! Und dennoch leiden wir bis zur Verzweiflung an einem quälenden Widerspruch: Obwohl uns diese Liebe zugesprochen wird, obwohl diese Beziehung gelten soll, erfahren wir uns selbst, erleben wir die Menschen, die wir lieben, als „krank“ und „hilflos“. Und hier steht jetzt nicht etwa Lazarus im Mittelpunkt der Erzählung, es sind vielmehr die beiden Schwestern Marta und Maria. Denn es geht aus der Perspektive der Erzählung zunächst und vor allem um den Verlust der Existenzgrundlage und der Lebensbeziehung, die diese beiden Schwestern im ganz umfassenden Sinne erleiden.

Hier finden wir uns wieder, wenn wir ganz ehrlich sind und uns nicht Gott und uns selbst gegenüber hinter unserer Oberflächlichkeit verstecken. Die beiden Schwestern kommen gleich zur Sache, zu dem, was ihre Situation bis zur Verzweiflung ausmacht: „Herr, siehe, den du lieb hast, der liegt krank!“

Wenn wir die Erzählung weiter lesen, werden wir noch nervöser. Denn der, der von der Not und Krankheit hört, der geht – trotz seiner erklärten Liebe – nicht etwa sogleich hin, sondern verzögert sein Eingreifen und die Erhörung der Bitte. Warum läuft Jesus nicht unverzüglich und eiligen Schrittes hin zu den Schwestern und hilft ihnen? Oder, wenn es historisch schon so war, dass Jesus noch zwei Tage brauchte, warum hat der Evangelist das nicht übersprungen, um schneller zum Evangelium zu kommen? Warum macht er nicht gleich mit der Auferstehung weiter? Unseretwegen, um deinet- und um meinetwillen!

Denn das ist unsere Wirklichkeit als Einzelne, als CVJM vor Ort und weltweit. Wir leben in einer unheilen Welt, und wir sind selbst als Christen dieser Unheilserfahrung nicht entzogen. Auch Christen werden krank. Auch Christen werden arbeitslos. Auch Christen erleben es, dass ihr Glaube ihnen durch die Finger rinnt, und sie können ihn nicht halten. „Der, den du liebst, der liegt krank!“ Und Jesus wartet und greift nicht ein. Gewiss, der Evangelist verrät, dass es durchaus nicht seine mangelnde Liebe war, sondern vom Ende her sollen alle wissen, dass es dem Erweis der Größe und Herrlichkeit Gottes dient und unser Glaube auch darin noch wachsen soll (Joh 11,4f.15). Vom Ende her werden wir alles verstehen und ihn nichts mehr fragen (Joh 16,23), aber heute wissen und verstehen wir es eben oft noch nicht.

Erfahrene Wirklichkeit und geglaubte Realität

Zukunftsfähig werden wir persönlich und als CVJM nur dann, wenn wir der Wirklichkeit ins Auge sehen und unsere Frömmigkeit uns nicht den Blick trübt. Jesus hält diese Wirklichkeit aus, und Jesus mutet diese Wirklichkeit seinen Jüngerinnen und Jüngern zu. Freilich, vom Ende her werden wir merken, wenn wir zurückschauen aus der Zukunft auf eine erlöste Vergangenheit und Gegenwart, dass alles sein gutes Ziel hatte. Aber bitte nicht so: „Alles wird schon irgendwie für irgendetwas gut sein!“ Oder wie wir säkular als Abschiedsgruß sagen können: „Alles wird gut!“ Sonst müssen wir uns immer wieder fragen, wer uns den guten Ausgang aller Dinge denn verbindlich garantieren kann. Nicht auf dieser Basis der Verharmlosung gründet also die Zuversicht der Glaubenden, sondern in der verbindlichen Zusage dessen, dem der himmlische Vater die uneingeschränkte Vollmacht gegeben hat, für seine Menschen ihr „Gott und Heiland“ zu sein.

Wir stoßen uns neuzeitlich oft an der „hohen Christologie“ eines Johannes oder Paulus – wie sie eben auch in der Pariser Basis zur Geltung kommt. Wir stoßen uns an den vollmundigen Aussagen zu Jesus Christus, wie er „nach der Heiligen Schrift“ erkannt und anerkannt werden soll. Und vielleicht sind wir versucht zu sagen: Haben Sie das nicht eine Nummer kleiner, damit es auch für unsere Verhältnisse passt? Sollen wir nicht den Titel „Gott“ streichen? Genügt es nicht, wenn wir festhalten, dass Jesus jemand ganz Besonderes war, dass er in seiner überzeugenden Vollmacht und Ausstrahlung im weiteren Sinne einfach vorbildlich, einzigartig, überwältigend und so meinetwegen irgendwie auch „göttlich" war? Das geht uns doch gewiss leichter über die Lippen. Müssen wir denn unbedingt vom Erlöser reden? Reicht es nicht, dass er einfach unser Guide und unser Trainer, unser großer Bruder und die Verkörperung unseres Selbst ist? Er hat uns begeistert und motiviert, er war unser geistiger Führer.

Je tiefer die Not ist, desto höher muss die Christologie sein – und bitte nicht umgekehrt! Es hilft niemandem, wenn wir ihm zu allem Leid und zu aller Verzweiflung auch noch die Zuversicht zu Gott nehmen und damit seine letzte Hoffnung rauben. Was immer ihr verändert am CVJM, meint bloß nicht, wir könnten etwas verbessern, indem wir die Christologie opfern. Wenn wir einen Schatz haben in unserer Tradition von den ersten Anfängen an und bis heute, dann ist es die „Christozentrik" unserer Arbeit, dann ist es die uns alle verbindende Gewissheit, dass wir es in unserem Glauben und Erkennen mit Jesus Christus als unserem „Gott und Heiland" zu tun haben. Strukturen kann man wandeln, Aktualisierungen sind immer wieder aufs Neue notwendig, Verbesserungen sind jederzeit und überall willkommen. Der Schatz aber unserer Pariser Basis ist, dass sie von *einem* redet, nämlich von Jesus Christus in Person, nach dem dann immer wieder neu und aktuell und anders gefragt und gesucht werden kann und soll.

Maria und Marta werden als ganz verschiedene Charaktere beschrieben, das lernen wir schon bei Lukas (Lk 10,38-42). Marta erscheint als die aktive Frau. Sie begegnet uns als für antike Verhältnisse erstaunlich „emanzipiert". Sie weiß, was zu tun ist und packt es an. Sie ergreift die Initiative und steht für ihre Überzeugungen ein. Sie hat verstanden, dass die Welt nur verändert werden kann, wenn man selbst – wenn „frau" selbst – damit konkret anfängt und etwas unternimmt. Und so sendet sie und kommt sie selbst zu Jesus, um ihn zu konfrontieren. Auf diese Weise bewegt sie mit ihrer Entschiedenheit – im johanneisch wörtlichen Sinne – in der Tat „Gott und die Welt“. Und wir dürfen uns nicht mit Bezug auf Lk 10 verleiten lassen, in ihr nur eine vordergründige und oberflächliche Aktionistin zu sehen. Denn was sie tut, tut sie wohl aus tiefem Glauben, aus tiefer Überzeugung und Ernsthaftigkeit. Und hätte es diese Frauen wie Marta damals nicht gegeben, die zugreifen und handeln und zum Wohl anderer aktiv werden wollten, dann wäre es mit den Jüngern immer weniger geworden, wenigstens von der „Figur“ her. Denn Jesus und seine Jünger lebten davon, dass Frauen nicht nur redeten und hörten, sondern auch initiativ wurden und handelten (vgl. auch Lk 8,1f).

Maria erscheint daneben als eine ganz andere Persönlichkeit. Sie ist eher abwartend, sie wird als hörend, rezeptiv und empfangend beschrieben. Insofern haben wir die Aspekte von „Sammlung und Sendung“ schon in diesen beiden Personen verkörpert. Maria repräsentiert das Hören und lädt immer wieder neu zur Sammlung ein, auch die, die längst meinen, sie seien schon so gesammelt, dass sie sich längst zerstreuen können. Und Marta lädt die ein, die die Sammlung mit Passivität und Nichtstun verwechseln und sagt: „Die Sammlung muss, bitteschön, auch zur Sendung führen!“ (Lk 10,40).

Jetzt aber sind beide so verschieden beschriebenen Frauen hilflos. Weder die *Vita contemplativa* noch die *Vita activa* – weder das Beten und Bibellesen oder das erbauliche Singen noch der Aktionismus – bieten eine Hilfe, wenn ein geliebter Mensch im Sterben liegt. Sie sind an ihren eigenen Grenzen, so oder so. Und egal wie die Frömmigkeitsformen und Lebensstile sind, die sie pflegen, in solcher Situation greift nichts mehr, was ansonsten wohl den Alltag strukturieren hilft. Sie sind an ihrem Nullpunkt. Und nun kommt Jesus direkt auf sie zu, wie er heute im Text auf uns zukommt. Und es platzt aus Marta heraus: „Herr, wärest du hier gewesen, mein Bruder wäre nicht gestorben!"

Im Schwäbischen habe ich den Konjunktiv erst richtig kennen gelernt, da spricht man ihn breiter und gedehnter. Mit meinen Studentinnen und Studenten juxe ich oft und sage, wenn es ganz und gar *irreal*, ganz unwirklich ist: Das ist der „schwäbische Konjunktiv": „*Wäääärest* du hier gewesen, dann *wäääre* mein Bruder nicht gestorben. Du warst aber nicht hier und jetzt ist er gestorben!" Marta hatte noch einen Glauben, Marta hatte wahre Erinnerungen. So wie ich selbst mich daran erinnern kann, dass wir damals mit unseren Streichholzbeinchen in kurzen Lederhosen als wirklich noch sehr junge „Junge Männer" die Pariser Basis verkündeten, so treffe ich auch immer wieder Freunde aus alten Zeiten, die sagen: „Ach, war das selig, als wir uns zu Tode froren in den ‚Koten' und der Regen von oben und durch alle Zeltnähte kam. War das nicht toll, als wir bei Nachtwanderungen gegen Bäume bretterten und uns ohne Streichhölzer Feuer machten?" Aber das ist und bleibt Vergangenheit. *Wären* wir noch die, die wir damals waren, dann würden wir heute noch Bäume ausreißen und gewiss alles anders und besser machen – wäääären und wüüürden, sind wir aber nicht mehr!

Glaube als Erinnerung an verpasste Möglichkeiten – ist das alles? Das war der Stand von Marta: ein volles Grab und ein entleerter Glaube! Wie weit sind alle noch von dem Geheimnis des Ostermorgens entfernt, an dem es durch Gottes wunderbares Eingreifen gerade umgekehrt werden sollte! Doch Jesus widerspricht der Hoffnungslosigkeit und *erinnert* Marta – nicht etwa an die zurückliegende Vergangenheit, sondern – an die *Zukunft*, indem er ihr zusagt: „Dein Bruder wird auferstehen!" Auch dazu hat sie in ihrem Glauben noch eine Vorstellung. Das eine ist bereits Vergangenheit geworden, das andere wird erst die entfernte Zukunft bringen: „Ich weiß wohl, dass er auferstehen wird – bei der Auferstehung am jüngsten Tage!", und dann kamen die Tränen wieder. Denn „der jüngste Tag" ist der Tag, der am weitesten weg ist. Die Reduktion unserer Lebenshoffnung auf den *jüngsten* Tag lässt uns *alt* aussehen, weil uns das im Hier und Jetzt nicht wirklich hilft. Das ist zu weit weg.

Ist diese Situation von Maria und Marta nicht auch die unsere? Glauben wir? Natürlich, wir sind Christen, ein Christlicher Verein Junger Menschen. Wir haben die Erinnerung an eine fromme Vergangenheit der unbegrenzten Möglichkeiten. Wäre Jesus da gewesen, dann hätte er dieses und jenes anders gemacht. Er war aber nicht erfahrbar da und unsere Gefühle konnten ihn nicht herbeizwingen, deshalb ist nichts anderes geschehen. Und zukunftsfähig scheinen wir nur insoweit zu sein, als wir die Reminiszenzen der christlichen Hoffnung festhalten. Irgendwann ein jüngster Tag, irgendwann das neue Jerusalem, irgendwann die Erlösung, da wird all unser Lebenswerk vollendet werden. Was immer jetzt noch nicht ganz vollkommen an uns ist, dann wird es einmal abgeschlossen werden.

Wenn das Leben vor der Tür steht

Solch ein Denken mag im Alltag der Mittelmäßigkeit noch tragen, aber nicht in der Krise. Dann, wenn der geliebte Mensch im Sterben liegt, dann, wenn ich selbst merke, dass es in irgend einer Weise mit mir abwärts geht, dann trägt nicht ein hohler Glaube der Erinnerung und auch keine entrückte Hoffnung, die nur im Kopf stattfindet und als Konfirmandenwissen abgespeichert ist. Jesus konfrontiert Marta und sagt: „Du hast mich in doppelter Weise missverstanden. Erstens hast du gedacht: Wäre ich da gewesen, dann wäre er nicht gestorben. Das ist eine vergangene Möglichkeit. Ich bin da – hier und jetzt! Und zweitens, wenn ich von Hoffnung rede, wenn ich von Zukunft rede, wenn ich dich zukunftsfähig machen will durch meine Nähe und Beziehung, dann fühlst du dich gleich auf den jüngsten Tag vertröstet. Ich bin – in Person – die Auferstehung und das Leben“ (Joh 11, 25). Keiner von uns hat diese Worte wohl bereits im ganz umfassenden Sinne verstanden, sonst würde ich hier nicht so ruhig stehen, und ihr könntet nicht mehr so ruhig sitzen bleiben. Jesus Christus ist nicht nur eine besondere und herausgehobene Persönlichkeit. Der Sohn Gottes ist nicht nur etwas näher bei Gott als wir, sondern er ist selbst in seinem Wesen und in seiner Person Gott. Er ist nicht nur eine lebendige Person von vielen, er ist *das Leben* in Person.

Wir gehen einmal umgekehrt heran. Denkt in diesen Tagen einmal darüber nach, wo ihr Leben ganz dicht erfahren und Liebe ganz intensiv erlebt habt. Augenblicke der Seligkeit, in denen ihr hättet sagen können: Wenn das Himmel ist, dann brauche ich nicht mehr mehr; dies soll für immer so sein und bleiben. Leben im erlösten und versöhnten Sinne, so dass Vergangenheit und Gegenwart in Harmonie zusammengehen und uns die Zukunft nicht mehr schreckt. Erfahrungen, bei denen wir nicht mehr neben uns stehen, sondern ganz bei uns sind. Augenblicke, in denen die Verhältnisse unser Leben nicht mehr einschränken, sondern wir trotz unerlöster äußerer Verhältnisse ganz versöhnt sein können. Das sind Funken biografischer Ahnung von dem, was Leben ist.

Wenn wir „Leben“ sagen, meinen wir oft das, was wir die letzten Wochen so vor uns hin gelebt haben, das real gelebte und alltägliche Leben. Der Lebensbegriff der Bibel ist aber ein ganz gefüllter. Leben heißt erfülltes, glückseliges Leben. Dann aber verstehen wir die Zusage Jesu in einem viel umfassenderen Sinne, wenn er sich in Person als das erfüllende, versöhnende, umfassende und zukunftseröffnende Leben offenbart. „Ich bin selbst nicht nur einer, der Auferstehung erfahren hat, sondern ich bin in Person die Auferstehung und das Leben!“ Und dies sagt er in Anbetracht des Todes!

Und hier protestiert die johanneische Gemeinde und sagt: „Was sollen wir mit einer so hohen Christologie (vgl Joh 6,60ff)? Sie wird doch in der Erfahrung gar nicht eingelöst." Die Gemeinde ruft dem Evangelisten zu: „Was redest du so enthusiastisch, so schwärmerisch, so charismatisch? Wir haben in der Welt Angst, Drangsal und Trübsal (Joh 16,33). Wir werden verfolgt, wir werden gehasst um unseres Glaubens willen (Joh 15,18 – 16,4), wir verlieren unsere Angehörigen durch Sterben – und nichts ist es mit der Auferstehungserfahrung. Worin liegt denn die Seligkeit? Wo bleibt denn das Sehen des geöffneten Himmels? Was ist denn mit dem verheißenen Leben im Überfluss?"

Das ganze Leben, das Johannes als ein gegenwärtiges verkündet, besteht in einer *Person*! Nicht in der Weise, dass die Konzentration auf das Bekenntnis zu diesem Jesus von damals oder von morgen als Lebensersatz dienen muss, sondern umgekehrt. Der Evangelist erlebt seine Christusbeziehung derart versöhnend, befreiend und hoffnungsvoll, dass er bezeugen kann: „In dieser Beziehung selbst haben wir überschwängliches Leben. Indem wir unseren Blick auf Jesus richten, sehen wir den Himmel geöffnet." In der Tat, das ist für uns Einzelgänger der Neuzeit eine Provokation, weil wir immer in individualistischen Gegensätzen denken: „Was habe *ich* davon, wenn *Christus* auferweckt ist und ich bin noch sterblich?"

Damit sehen wir als Gegensatz, was eigentlich zusammengehört. Wenn Glaube *Beziehung* ist, dann liegt in eben dieser Beziehung das Geheimnis unseres Glaubens. Im „Wir mit Christus", dem Auferstandenen, im Wir mit dem, der mir am Grab gegenübertritt, habe ich Leben in all diesem erträumten und gefüllten Sinne und viel mehr. „Du" und „Ich" sind dann kein Gegensatz, sie gehören zusammen und sind als „Wir" viel mehr als nur die Summe der beiden Einzelnen. Wir kommen ja auch nicht auf den Gedanken, bei einer guten Ehe oder Liebesbeziehung zu sagen: Wer ist in einer traumhaften Beziehung entbehrlicher, der Mann oder die Frau? Egal, wie ich mich entscheide, es ist keine Beziehung mehr, wenn ich eins von beiden wegnehme. Die Realität des Glaubens ist die Realität der Beziehung selbst.

„Glaubst du das?" – Das ist gut gefragt (Joh 11,26). Und was macht Marta? Immer das gleiche, was ein korrekter CVJMer, eine korrekte CVJMerin tut. Das richtige Dogma zur richtigen Zeit: „Ich glaube, dass du bist der Christus, der Sohn Gottes, der in die Welt gekommen ist." Damit wir uns nicht falsch verstehen. Sie hätte nicht korrekter antworten können. Aber etwas zu *er*kennen und etwas zu *be*kennen bedeutet noch lange nicht, dass mein Herz es *an*erkennt. Und von „*An*erkennung" ist in der Pariser Basis die Rede. Nicht nur Wiederholung von korrekter Dogmatik – so wenig wir die korrekte Dogmatik aufgeben sollen. Es geht um das *An*erkennen des Erkannten und Bekannten; ein Anerkennen nicht als Leistung oder Willensakt, sondern als das Überwältigtwerden und Bestimmtsein von Christus als Gott und als Heiland. Ihn als Erlöser und Befreier erfahren, das ist Glaube. Glaube ist nicht, was ich tue. Glaube ist, was ich erlebe. Glaube ist selbst eine Realität, in die ich hineingenommen werde durch den Zuspruch des Evangeliums und die Erinnerung von Schwestern und Brüdern wie Johannes.

Jesus nimmt Marta mit ihrem Bekenntnis ernst und beim Wort. Er hat in meinem Leben schon manches Gebet erhört, das ich gar nicht so wörtlich gemeint habe. Und ich bin heilfroh, dass er es getan hat, sonst stünde ich heute nicht hier und könnte nicht mit euch zusammen über das Geheimnis des Evangeliums staunen.

Er tritt an das Grab und sagt: „Hebt den Stein weg!" Das ist der Moment der Wahrheit. *Er*kennen und *be*kennen – herzlich gerne. Aber *an*erkennen bedeutet: es Christus als der Auferstehung und dem Leben erlauben, an mein Grab zu treten und den Stein wegzurollen. Hier liegt nun eine tiefe Wahrheit. Damit wir uns richtig verstehen: Für Johannes handelt es sich bei der Lazaruserzählung wohl ganz eindeutig um ein historisch zuverlässiges Zeugnis: Jesus ist tatsächlich an das Grab gegangen, hat den Stein wegheben lassen und einen Toten herausgerufen. Und dieser ist daraufhin wirklich zum Leben aus seinem Grab heraus auferstanden. In diesem Sinne versteht der Evangelist das, was hier berichtet wird, gewiss als „historisches Faktum". Aber es geht ihm um noch mehr – nicht nur um die historische Erinnerung an ein außergewöhnliches Wunder im Leben und Wirken Jesu von Nazareth. Er zielt zugleich auf das Leben all derer, für die diese Erzählung überliefert wird – von der ersten johanneischen Gemeinde bis hin zu uns als Einzelne und als Gemeinschaft. Denn der Evangelist berichtet exemplarisch von dem Wirken Jesu damals, damit auch die Hörer und Leser des Evangeliums in dieser Weise glauben können und darin selbst das Leben haben (Joh 20,31).

Für die Auferstehung kann niemand zu tot sein!

Nun mag sich jemand aus dieser Übertragung auf die Hörer herausreden wollen, indem er einwirft: Zu dieser Erzählung finde ich in meinem Leben keine Analogie. Erstens habe ich keinen Bruder, zweitens ist er schon lange tot und drittens ist das verschlossene Grab kein Bild für mich, denn ich habe überhaupt keine verborgenen, dunklen Räume in meinem Leben. – Denkst du! Ist unsere Abwehr nicht eher im umgekehrten Sinne ein Ausdruck dafür, dass wir die Steine vor den dunklen Kammern unseres Lebens so fest zugerollt und verschlossen haben, weil wir die Existenz der unheilvollen Räume gar nicht eingestehen und wahrhaben wollen?

Wenn mich der Glaube nicht mehr begeistert, muss das nicht am objektiven Mangel an Gotteserfahrung oder an der Unzulänglichkeit meiner äußeren Situation liegen – an zu vielen *wäääre* und *wüüürde.* Es liegt vielleicht auch daran, dass meine Gräber versiegelt sind! Diese sogar gegenüber Christus noch verschlossen gehaltenen Gräber in unseren eigenen Herzen, in unseren einzelnen Gruppen und Verbänden als CVJM sind unser wirkliches Problem: Christus als die Auferstehung und das Leben nicht heranlassen an unseren Mangel und unsere Unzulänglichkeit, an unsere Bedürftigkeit und Angst, ihm keinen Einblick gewähren wollen in unsere Zweifel und unser Versagen, in unsere Enttäuschung und Wut. Wann habe ich das letzte Mal bei Gott geklagt? Wann habe ich mich beschwert? Wann habe ich wie Hiob und die Psalmisten mit Gott gerungen, weil ich ihn ernst nehme und es nicht ertragen kann, dass die, die er doch lieb hat, nun krank sind – wie es scheint: zum Tode.

Das Grab soll geöffnet werden. So hat es Jesus befohlen und so wird es auch getan. Und was macht Marta? Sie sagt nicht: „Jetzt werde ich zukunftsfähig. Ich stehe daneben und bin gespannt, was er tut. Ich würde es mir selbst niemals zutrauen, aber er ist der Sohn Gottes, der in die Welt gekommen ist; er hat es befohlen, dann liegt es auch in seiner Verantwortung, was geschieht." Eben noch hatte Marta vollmundig bekannt: „Aber auch jetzt noch weiß ich, was immer du den Vater bittest, er wird es dir geben" (Joh 11,22). Ja, denkst du! In dem Augenblick ist sie ertappt. Sie fällt Jesus in die Arme und sagt: „Herr, er stinkt schon! Denn er hat vier Tage im Grab gelegen." Dies ist nun die Stunde der Wahrheit. Ist Jesus Christus in der Tat unser „Gott und Heiland"? Das erkennen wir dann, wenn er unsere Gräber zu öffnen gebietet – und wir ihm in den Arm fallen und ihn zurückhalten wollen. Ist es etwa unsere Aufgabe, Christus als die Auferstehung und das Leben davon abzuhalten, sich zu viel zuzumuten und sich zu blamieren? Dazu braucht er uns wohl nicht. Oder hindern wir ihn in Wahrheit nur deshalb an seinem Eingreifen, weil wir ihn wohl *er*kennen und *be*kennen wollen, aber ihn noch nicht in seinem Sinne umfassend *anerkennen* – nämlich als denjenigen, der er selbst ist und sein will?

In bester Absicht versuchen wir die Zukunftsfähigkeit des CVJM auf unsere eigenen Möglichkeiten zu reduzieren. Und wir denken immer daran, dass wir noch genügend eigene unerweckte „Leichen im Keller haben". Wir wollen uns in unseren Programmen nicht zu viel vornehmen – wir könnten es ja aus eigener Kraft gar nicht einlösen. Aber lasst uns auch nicht im falschen Sinne nüchtern und vermeintlich lebensweise sein, indem wir bei jedem lebensverheißenden Wort Jesu einwenden: „Herr, er stinkt schon!" Dies ist der Schrei der Verzweiflung darüber, dass die Wirklichkeit festgelegt ist und wir uns damit abgefunden haben. So werden wir aber im Sinne Gottes niemals zukunftsfähig. Wollen wir Gott wirklich in gespielter Nüchternheit und mit Bezug auf unsere eigene Erfahrung vorgeben, was er in unserem Leben verwirklichen kann? Und wollen wir tatsächlich, dass uns unser Gott und Heiland seinerseits *gegen* die Heilige Schrift und in unserem *Klein*glauben und in unserer Todverfallenheit anerkennt? Das war in der Pariser Basis noch umgekehrt formuliert!

Die Erzählung von der Auferweckung des Lazarus redet nicht nur von uns und unseren eigenen Möglichkeiten. Die Erzählung redet von den *Möglichkeiten Christi*: Glaube als Totenauferweckung zu erfahren. Jesus ruft in das Grab hinein: „Lazarus, komm heraus!" – Ausrufezeichen, Imperativ, Aufforderung! Wie absurd!? – Dies ist so sinnvoll oder so „absurd" wie jede Verkündigung und Einladung zum Glauben. Denn der Imperativ: „Du Toter, komm heraus und komm zum Leben!", ist nicht mehr oder weniger absurd als die Imperative: „Glaube an Christus, lass dich von ihm beschenken und folge ihm nach!". Dies sind alles Imperative, die ein Mensch überhaupt nicht umsetzen kann. Und doch ist jede Einladung zum Glauben und jeder Zuspruch zum

Leben – im Namen Christi gesprochen! – so verheißungsvoll wie einst der Ruf Jesu zu Lazarus hinein in das dunkle Grab.

„Aber wir haben doch einen freien Willen," mögen wir einwenden, „wir haben doch unseren eigenen Anteil zum Glauben selbst beizusteuern, oder?" Hatte der tote Lazarus einen „freien Willen"? Hat Jesus etwa in das Grab hineingerufen: „Ist da irgend jemand, der auferstehen will? Der melde sich bitte von sich aus – ich zähle bis drei?" Und umgekehrt gibt es ja auch diese vermeintlich „orthodoxe" Art, die Glaubensverkündigung und die Evangelisation mit dem Argument ad absurdum zu führen, dass der Mensch zu seinem Glauben ohnehin nichts beitragen oder dazutun könne. Aber das Faszinierende am Geheimnis des Glaubens ist, dass beides widerspruchsfrei zutrifft: Nur *Gott* kann den Glauben schenken, nur *Gott* kann ihn wecken, wie auch er allein einen Toten zum Leben bringen kann. Und zugleich gilt: Der Glaube wird dem Menschen im Imperativ *zugesprochen*, es wird dazu *eingeladen* und *aufgefordert*: „Lazarus komm heraus!" – und er kommt heraus, zum Erschrecken aller, die dabeistehen.

Wie erschrecken Gemeinden, wenn Menschen zum Glauben kommen! Wie erschrecken die, die Evangelisationen veranstalten, wenn es wirklich passiert – obwohl sie selbst eigentlich nicht mehr daran geglaubt haben. Auf überwältigende Weise wird uns der Glaube hier anhand einer Totenauferstehung verdeutlicht. Hätte ich ein Beispiel der Nachfolge genommen, dann hätten wir einwenden können: „Die ersten Jünger waren eben ganz besondere Menschen. Die hatten die Stärke, alles zu verlassen und Jesus konsequent nachzufolgen. – Aber ich selbst kann es nicht!" Das Entwaffnende an dem Bild eines herausgerufenen Toten ist, dass keiner von uns sagen kann: Die Geschichte gilt für andere, sie gilt nicht für mich, weil ich zu schwach, zu unmotiviert, zu leblos oder zu hilflos bin.

Für die Auferstehung kannst du niemals zu tot sein! Keiner kann sagen: Für den Glauben bin ich zu schwach! Denn der Glaube an Christus beginnt bei einem „Toten", der zum Leben gerufen wird. Und Lazarus kommt heraus, noch eingewickelt an Händen und Füßen in seine Leichenbinden, aber schon richtig lebendig! Und Jesus sagt: „Löst ihn, damit er laufen kann." – Ich wünsche euch allen von Herzen ein solches „österliches Sackhüpfen", wie es der frisch erweckte Lazarus vor unseren Augen vorgesprungen hat.

Hans-Joachim Eckstein

Wie der Glaube erwachsen wird

Bibelarbeit über Johannes 20, 1-18

„Die Christlichen Vereine Junger Menschen haben den Zweck, solche jungen Menschen miteinander zu verbinden, welche Jesus Christus nach der Heiligen Schrift als ihren Gott und Heiland anerkennen, in ihrem Glauben und Leben seine Jünger sein und gemeinsam danach trachten wollen, das Reich ihres Meisters unter jungen Menschen auszubreiten."

Es könnte alles so einfach sein! Auf das „Zum-Glauben-Kommen" folgt das „Im-Glauben-Sein". Nach dem „Indikativ des Zuspruchs" kommt ganz organisch der „Imperativ des Anspruchs". Aus dem Geschenk der „Teilhabe" am Reich Gottes ergibt sich die „Teilnahme" an der Ausbreitung des Reiches Gottes. Denn dem „Jünger-Werden" schließt sich selbstverständlich das „Jünger-Sein" an. Und wenn wir in der Freude am Evangelium lebendig und munter werden wie ein Fisch im Wasser, sollten wir doch auch den Sprung vom „Fisch" zum „Menschenfischer" schaffen.

Aber für die wenigsten ergibt sich das alles so organisch, wie sie es sich wünschen – und in wohlgemeinten Andachten und Predigten vereinfachend gehört haben. Für viele der in der „Pariser Basis" und im Namen des „CVJM" bezeichneten „Jungen Menschen" – und es war auch nicht besser, als es noch „Junge Männer" hieß – wird die Entwicklung vom Kinderglauben zum Erwachsenenglauben durchaus nicht ohne Brüche und Krisen bewältigt. Wie viele tausende und abertausende Menschen erreichen wir mit unserer Kinder- und Jugendarbeit! Aber wie viele von ihnen sind dann auch als aufstrebende junge Erwachsene, als Mütter und Väter, wie viele als engagierte Berufstätige und dann als Ältere mit uns in dem beschriebenen zentralen Anliegen des christlichen Glaubens noch verbunden? Was kommt nach der Grunderfahrung des Kinderglaubens, des geschenkten Glücks, der überraschend eröffneten Gemeinschaft, des heilen Lebens, des erfüllenden Eins-Seins mit anderen, mit Gott und mit der Welt?

Offensichtlich ist dieser *Sprung* vom Fisch zum Menschenfischer nicht einfach nur als ein quantitativer oder zeitlicher zu verstehen, sondern als ein *qualitativer*. Und es stellt sich die Frage: Was macht die Qualität dieses Wechsels, was die Qualität des „Glaubens und Lebens" als „Jünger Jesu" überhaupt aus? Irgendetwas machen wir augenscheinlich falsch, denn statt als „Licht der Welt" dauerhaft zu leuchten, brennen wir aus. Irgendetwas läuft nicht richtig, denn die „erste Liebe", an die sich die meisten von uns sicherlich erinnern, ist nicht einfach ungebrochen über Jahre und Jahrzehnte lebendig geblieben. In vielen anderen Bezügen unseres Lebens erleben wir uns als wachsend, reifend und zunehmend erfahren; aber worin genau äußert sich das „Erwachsenwerden" unseres Glaubens? So wollen wir noch einmal aus der Perspektive des Johannesevangeliums die Pariser Basis und unser eigenes Leben betrachten.

Es mag uns bei unserer idealen Vorstellung von den ersten Christen und bei unserem romantischen Traum von der „Urgemeinde" wundern, dass unser neuzeitliches Problem der Glaubens- und Gemeinschaftskrise so neu gar nicht ist. Ich kann mir nämlich keine Situation vorstellen, die so grundsätzlich erschütternd ist wie die Situation der ersten Jüngerinnen und Jünger bei der Gefangennahme und Kreuzigung Jesu. Welch schwarzes Loch tat sich ihnen dort zwischen Karfreitag und Ostern auf – genau genommen zwischen dieser Donnerstagnacht des Jüngerversagens in Verrat und Flucht und jener versöhnenden Erscheinung des vergebenden und tröstenden Auferstandenen am Ostersonntag? Wir, die wir das „Happy End" schon kennen, übersehen schnell, wie schockierend und traumatisch die Ereignisse der Passionsgeschichte – nicht nur subjektiv empfunden wurden, sondern objektiv auch – waren.

Dies erlebten die ersten Jünger wahrhaft noch anders. Jahrelang waren sie zuvor mit ihrem Herrn verbunden gewesen und erlebten ihn zum Greifen nahe. Gewiss, sie verstanden nicht alles und hatten manchmal Zweifel. Sie wurden durchaus mit ihrer eigenen Unzulänglichkeit konfrontiert und waren nicht selten durch seine Worte irritiert. Sie konnten auch in dieser Zeit durch Krankheit einen Menschen verlieren – wie Marta und Maria ihren Bruder Lazarus. Aber selbst im Angesicht dieses verschlossenen Grabes – des Grabes der eigenen Existenz und aller eigenen Hoffnungen und Lebenserwartungen – hatten sie „ihren Meister“, den sie bitten und fragen konnten, an den sie sich hilfesuchend oder kritisch wenden konnten, bei dem sie verzweifelt weinen oder vorwurfsvoll klagen durften: „Herr, wärest du hier gewesen ...!“ Selbst wenn er ihnen vorübergehend entzogen schien oder unverständlich handelte, so konnten sie ihn dennoch stets bei seiner Zuwendung und seinem Zuspruch behaften: „Herr, siehe, den du lieb hast, der liegt krank!“

Es macht einen großen Unterschied, ob wir in kritischen Situationen unseres Lebens uns ganz grundsätzlich noch auf einen Halt verlassen können, der uns stützt, oder ob uns die Lebensgrundlage selbst genommen wird. Dass wir gelegentlich das Gleichgewicht verlieren, ins Stolpern geraten oder sogar stürzen, ist für uns selbst schon irritierend genug – aber wehe uns, wenn uns der Boden unter den Füßen genommen wird und nicht nur *wir*, sondern die *Fundamente unseres Lebens* ins Wanken geraten. Wer festen Grund unter den Füßen hat, kann sich wieder fangen; und wer nur selbst wankt, kann sich stützen, anlehnen oder festklammern. Aber woran sollen wir uns halten, wenn nicht nur wir, sondern die Erde und der Himmel beben?

Wenn die Fundamente wanken

Wie viele Zweifel und offene Fragen, wie viele Irritationen und Enttäuschungen hatten die Jünger in ihrem Leben schon ausgehalten und in der Gemeinschaft mit ihrem Herrn bewältigt! Ein verzweifelter Schrei des sonst so selbstbewussten Jüngers: „Herr, hilf mir!", und der sinkende Petrus spürte den rettenden Griff seines Meisters (Mt 14,22-33). Denn untergegangen im Zweifel war glücklicherweise nur der Jünger, nicht sein Herr! Und selbst wenn sie den Eindruck hatten, dass Sturm und Wellen sie umzubringen drohten – „Fragst du nichts danach, dass wir umkommen?!" –, so saß er doch immerhin mit seinen Jüngern noch „in einem Boot". Sein Wort vermochte dann sogar den alles vernichtenden Sturm zum Verstummen und die tosende Urgewalt des Meeres zum Schweigen zu bringen (Mk 4,35-41)

Am Ende aber war die Situation grundlegend anders! Durch das schreckliche Ereignis der Gefangennahme, Verspottung und Kreuzigung ihres Herrn hatten sie plötzlich alles verloren, was ihr Leben über Jahre erfüllte und bestimmte. Wohin sollten sie nun gehen, da sie den auf grausame Weise verloren hatten, der für sie „Worte des ewigen Lebens" hatte (Joh 6,69)? Sie waren von allen einschneidenden Krisen des Lebens zugleich betroffen: Sie litten unter der Krise eines schweren persönlichen *Verlustes*, der ihnen angesichts des grausamen Sterbens am Kreuz zugleich die Krise ihrer eigenen *Vergänglichkeit* brutal ins Bewusstsein brachte. Hatten sie doch aus Furcht vor dieser letzten Konsequenz der „Nachfolge" ihren Herrn im Stich gelassen, was sie zu allem auch noch in die Krise des totalen *Versagens* stürzte.

Für wen konnte dieser erschütternde Verlust der Lebensmitte schrecklicher sein als für die Frauen und Männer, die durch die Befreiung von Krankheit, Schuld und Besessenheit die Zuwendung Jesu in einer ganz umfassenden Weise als erlösend und befreiend erlebt hatten? So hören wir in Joh 20,1ff von Maria von Magdala, einer Frau, die Jesus von unvorstellbarem Leid gerettet hatte, indem er sie von sieben Dämonen befreite (Lk 8,2; Mk 16,9). Wenn überhaupt für jemanden, dann galt für sie das Bekenntnis, dass Jesus ihr zugleich „Gott und Heiland" war, dass er für sie das Leben und die Liebe in Person verkörperte. Wie sollte sie verstehen und akzeptieren, dass Menschen ihren geliebten Herrn nun grausam umgebracht und ihr entrissen hatten? Welche Erschütterung der Lebensgrundlage musste die Kreuzigung und die Beerdigung Jesu für Jüngerinnen und Jünger wie sie bedeutet haben?

Gewiss, auch die übrigen Jünger waren bestürzt und zutiefst irritiert. In Joh 20,1ff erfahren wir, dass Petrus und der von Jesus geliebte Jünger auf die Botschaft vom leeren Grab hin beide zum Grab liefen, einer schneller als der andere. Man könnte hier ein typisch männliches Verhalten erkennen wollen: Männer laufen erst einmal drauf los – und dann auch noch im Wettkampf. Kaum ist Jesus nicht mehr unter ihnen, wird gleich um die Rangfolge unter den Jüngern gerungen und werden durch Vergleich („Ich lauf schneller!" – „Ich war Erster!") Hierarchien geklärt. Können wir bei diesem Wettlauf der Jünger etwa nicht nur die Grundlagen der Pariser Basis, sondern gleich auch noch die Anfänge des „Eichenkreuz-Sports" im Johannesevangelium erhellen? Nein, im Ernst: Für die johanneische Gemeinde war es wichtig, daran festzuhalten, dass der „geliebte Jünger", dessen authentischem Zeugnis von Christus sie in besonderer Weise vertrauten, als Erster zum Grab kam und bereits angesichts des leeren Grabes an den Auferstandenen glauben konnte (Joh 20,8)

Freilich weiß auch die johanneische Gemeinde um die besondere Rolle, die Petrus für die kommende Kirche haben sollte. Von diesem Nebeneinander beider erfahren wir dann nach der Rückkehr der Männer vom leeren Grab in Joh 21

Näheres. Aber auch hier wieder begegnet uns ein „typisch männliches Verhalten" – es begann doch offensichtlich zunächst mit dem „Christlichen Verein Junger *Männer*"! „Spricht Simon Petrus zu ihnen: ‚Ich will fischen gehen!' Sie sprechen zu ihm: ‚So wollen wir mit dir gehen'" (Joh 21,3). Sie machen das, was wir Männer immer gerne machen, wenn wir mit Verlust, Versagen und Vergänglichkeit konfrontiert werden und angesichts der Krise hilflos sind: Wir versuchen, die völlig irritierende Situation zu ignorieren und machen so weiter, als wäre nichts – *„Business as usual"*. Sie versuchen, einfach zum vertrauten Alltag zurückzukehren und das zu tun, was sie schon immer getan haben. „... und in derselben Nacht fingen sie nichts" (Joh 21,3)

Ein solcher Kreislauf führt zu dem, was wir heute wohl das „Burn-out-Syndrom" nennen. Bei dem Versuch, die Unsicherheit und Überforderung durch Aktivität auszugleichen, verzehren wir uns und brennen aus – sei es im Beruf oder in der Gemeinde- und Jugendarbeit. Auf diese unheilvolle Weise des Umgangs mit der eigenen Unzulänglichkeit kann sogar die „JG" (Junge Gemeinde) zum „Jünger-Grill" werden.

Was aber macht die Jüngerin Maria? Sie liebt ihren Herrn so sehr, dass sie sich selbst von dem leeren Grab in Liebe und Anhänglichkeit nicht trennen kann. Sie verharrt dort, wo sich die letzten Spuren ihres Meisters finden. Auch sie hat keine Antwort. Sie sieht keine Hoffnung. Sie hat nur ihre leidenschaftliche Liebe und Dankbarkeit. Und daran hält sie traurig und verzweifelt fest, gegen alle Vernunft, mit dem Blick in das leere Grab.

Die letzten Spuren

Es ist eine bewährte Art der Krisenbewältigung in unserem Leben, wenn wir – wie ein Wanderer im Moor, dem der Boden unter den Füßen wegsinkt – intuitiv zurückspringen zu der Stelle, an der wir noch festen Boden unter den Füßen hatten. Auch wenn wir uns in unbekanntem Gebiet verlaufen, gehen wir am besten zu dem Punkt unserer Wanderung zurück, an dem wir uns noch sicher orientieren konnten. Die letzte Spur ihres Herrn, die Maria verfolgen kann, ist für sie das Grab, in das sie ihren Herrn am Abend seines Sterbens am Kreuz gelegt haben. Dort bleibt sie auch allein zurück, verzweifelt weinend, ohne eine Antwort. Während die Männer an ihrem Alltag vor ihrer Berufung anknüpfen, kann Maria von der Erfahrung ihres Glaubens nicht mehr absehen. Lieber am leeren Grab Jesu verharren, als die letzten Spuren ihres Herrn zu verlassen und in den Lärm Jerusalems oder das alte Treiben am See Genezareth zurückzukehren.

Fast hätte sie darüber die beiden Gestalten in der dunklen Grabkammer übersehen, die sich – selbst durch den Schleier ihrer Tränen – vor ihr konturierten und sie ansprachen (Joh 20,11ff): „Frau, was weinst du?“ Kennen wir das nicht von uns selbst – Mann oder Frau? In unserer Selbstbeherrschung verbeißen wir uns unsere Tränen vielleicht gerade noch und halten unsere Verzweiflung mit aller Kraft zurück. Die Frage: „Wie geht es dir?“, können wir noch tapfer mit „Es geht mir gut!“ beantworten. Doch wenn uns jemand, der uns besser kennt, eindringlich fragt, was uns belastet, dann gibt es für die Not kein Halten mehr.

So bricht es denn auch aus der völlig verzweifelten Maria am offenen Grab heraus: „Sie haben meinen Herrn weggenommen, und ich weiß nicht, wo sie ihn hingelegt haben.“ Das ist die Erschütterung ihres Lebens! Sie hat nicht nur etwas verloren – vielleicht einen wertvollen Besitz, ihren äußeren Erfolg, eine von vielen Freundschaften –, sondern sie hat *alles* verloren, was ihr Leben ausmacht: nämlich die Person, die für sie Leben und Liebe verkörpert hat. Sie hat mit ihm ihre Lebensgrundlage verloren – und nun auch noch die letzte

Möglichkeit ihrer Anknüpfung an die Vergangenheit: „Sie haben meinen Herrn weggenommen, und ich weiß nicht, wo sie ihn hingelegt haben."

„Sie haben meinen Herrn weggenommen!" Diese Erfahrung können wir in ganz verschiedenen Zusammenhängen machen. Vielleicht ging die ungebrochene Glaubenserfahrung im Lauf der Ausbildung und in der Loslösung von den familiären und gemeindlichen Beziehungen verloren. Wie oft habe ich diese Klage auch – oder gerade – im Zusammenhang des Theologiestudiums gehört. Enttäuschungen im Beruf, in der Lebensplanung und vor allem in wichtigen persönlichen Beziehungen können den Verlust der Ursprünglichkeit im Glauben auslösen. Manchmal werden wir gar keinen konkreten Anlass für diese Krise erkennen, sondern nur eingestehen müssen, dass unser ehemals so selbstverständlicher „Kinderglaube" nicht mehr trägt und wir an seiner Stelle keinen anderen, „erwachsenen Glauben" haben. So wie wir einst unserem Konfirmationsanzug stolz entwuchsen, bis wir ihn lächelnd ausrangierten, so „entwachsen" viele von uns auch ihren früheren Glaubensüberzeugungen und -gewissheiten, ohne dass sie schon in neue, reflektierte und der eigenen Entwicklung angemessene Überzeugungen hineingefunden hätten.

So hörte ich von einem erfolgreichen Geschäftsmann, der auf dem Höhepunkt seines Lebens plötzlich durch eine Krankheit aufs Bett geworfen wurde und in seiner Sorge über die bevorstehende Operation irritiert nach Halt und Orientierung suchte. Ihm war völlig unvorbereitet der Boden unter den Füßen weggezogen worden, und keines der routinierten Verhaltensmuster seines Alltags wollte ihm in dieser Krisensituation mehr helfen. Da griff er unwillkürlich – und zu seiner eigenen Überraschung! – auf eine längst vergessene, alte Form der Vertrauensäußerung und Zuflucht zurück: Er hörte sich selbst wie in der Geborgenheit seiner Kindheit laut beten: „Ich bin klein, mein Herz ist rein, soll niemand drin wohnen als Christus allein!" In der Krise der Vergänglichkeit und des drohenden Verlustes seiner Existenz wurde ihm zugleich der Verlust seines Glaubens wie auch dessen Unentbehrlichkeit für sein Leben bewusst. Er ging – ohne es wie alles andere rational zu planen – bis zu der Stelle in seiner Biographie zurück, an der er noch den sicheren Boden des ursprünglichen Vertrauens und der lebensbejahenden Hoffnung als tragend erfuhr.

„Sie haben meinen Herrn weggenommen, und ich weiß nicht, wo sie ihn hingelegt haben." Kaum hat Maria diese Klage ausgesprochen, da sieht sie, ohne es zu wissen, Jesus neben sich stehen – nicht in Erinnerung, nicht als Geist, sondern in der Realität seiner Auferstehung. Und auch er fragt sie: „Frau, warum weinst du? Wen suchst du?"

Als Erzähler spannender Geschichten in der Kinder- und Jugendarbeit kennen wir diesen fast unerträglichen Moment der Spannung, wenn bereits alle, die die Erzählung hören, um die drohende Gefahr oder die nahende Rettung wissen, nur eben nicht die Heldin bzw. der Held unserer Geschichte. Dann hält es die Kinder kaum noch auf den Stühlen und sie wollen am liebsten mitten in die Geschichte springen und helfend eingreifen. So sind wir bei dem erschütternden Geschehen um diese verzweifelte Frau am Grab auch als Erwachsene noch versucht, ihr zuzurufen, dass es doch Jesus selbst sei, der neben ihr steht, und nicht – wie sie wohl offensichtlich denkt – irgendein fremder Gärtner. Und wir reagieren damit – wie faszinierte Kinder – genau so, wie es der Erzähler dieses Evangeliums beabsichtigt. Denn jedes Wort, das wir Maria zurufen wollen, können wir getrost zugleich auch auf uns selbst beziehen.

Wie oft beklagen wir in unserem Leben, dass wir allein sind und von Gott verlassen, dass er uns nicht erhört und wir die ursprüngliche Liebe und Erfahrung der Geborgenheit unseres Glaubens verloren haben. „Maria, er hat dich doch gar nicht im Stich gelassen, er steht neben dir! Er lässt es doch gar nicht zu, dass Menschen ihn dir wegnehmen, er ist wirklich und real bei dir und spricht mit dir! Wisch deine Tränen weg und sieh doch hin!"

Aber Maria will es – auch darin ist sie uns ganz gleich – noch immer nicht glauben und erkennen und spricht zu Jesus Worte, die angesichts des Auferstandenen so erschütternd *verzweifelt* wie logisch *absurd* erscheinen: „Herr, hast du ihn weggetragen, so sage mir, wo du ihn hingelegt hast; dann will ich ihn holen". Welch eine Vorstellung! Eine völlig verstörte, schwache Frau möchte in ihrer Trauer den schwer lastenden Leichnam eines Mannes durch den Garten in sein Grab zurückschleppen. Denn die Grabstätte ist alles, an das sie mit ihrer schwermütigen Erinnerung noch anknüpfen kann.

Und bevor wir Maria gleich wieder zu Hilfe kommen wollen, sollten wir vielleicht besser selbst den Schleier unserer Tränen wegwischen und unsere eigene Situation mit kritischem Verstand betrachten. Wie absurd muss es wohl dem auferstandenen Herrn erscheinen, wenn wir von uns aus und mit eigener Kraft unseren CVJM, unser eigenes Leben, die Kirche Jesu Christi zukunftsfähig machen wollen. „So viel hat Christus von sich aus für uns getan, was tun wir nun von uns aus für Christus?", so folgern wir. In dankbarer Erinnerung an sein hingebungsvolles Leben und Sterben sehen wir uns in der Verantwortung, nun – da er nicht mehr da ist!? – für ihn einzutreten. Wir meinen einen – wohl *für uns* Gestorbenen, aber nunmehr – *Toten* in der Welt herumtragen zu müssen. Und wir kommen im gemeinsamen Gebet und Hören auf das Evangelium zusammen, um ausgerechnet den *Auferstandenen* zu fragen, wie man das wohl macht.

Die Pariser Basis spricht nicht davon, dass wir das „Reich unseres Meisters" von uns aus „gründen" oder „bauen" sollen. Denn mit dem „Reich“ ist sein eigenes gerechtes Regieren und sein liebevolles und lebensförderndes Handeln gemeint. Schon gar nicht ist davon die Rede, dass wir nun an seiner Stelle – wo er nun einmal tot und begraben ist – herrschen und kämpfen sollen. Das Reich Jesu Christi breiten wir so unter jungen Menschen aus, dass wir sie auf ihn als den für uns Gestorbenen *und Auferstandenen* hinweisen. Wir brauchen ihn nicht aus eigener Kraft wie einen Toten durch die Welt zu schleppen, sondern ihn nur das sein zu lassen, was er ist – nämlich selbst lebendig und gegenwärtig wirksam. Weder brauchen wir den Gekreuzigten in Selbstüberforderung bis zur Erschöpfung durch den Garten zu tragen, noch sollen wir den Sohn des lebendigen Gottes zum Gärtner machen. Der Auferstandene trägt uns, nicht wir ihn! Wir dürfen „in unserem Glauben und Leben“ darin seine Jüngerinnen und Jünger sein, dass wir diese „gute Nachricht“ und „erfreuliche Botschaft“, d.h. das „Evangelium“, unter jungen Menschen ausbreiten.

Der Auferstandene trägt uns, nicht wir ihn!

Wie kommt Maria nun zu der unendlich befreienden und entlastenden Erkenntnis der Auferstehungswirklichkeit ihres Herrn? Nicht durch ein dreiviertelstündiges Referat. Jesus begegnet uns wohl auch in Referaten, Bibelarbeiten und Liedern. Aber das Entscheidende ist, dass *er* uns *begegnet*. Glaube ist Beziehung! Glaube ist nicht nur unser eigener Beitrag zur Beziehung, sondern die Art und Weise, in der Gott uns schon gegenwärtig an ihm und seinem Leben teilhaben lässt. Glaube ist also viel mehr als das, was *wir* tun, was *wir* für wahr halten, was *wir* vertrauend annehmen, wozu *wir* uns von uns aus entscheiden. Glaube ist die Erfahrung, dass er uns als der für uns Gekreuzigte und Auferstandene anspricht; Glaube ist das Erleben, dass er sich uns als der uns Liebende und uns Zugewandte anspricht. „Maria!“, muss er nur sagen, und sie erkennt ihn. Er spricht sie mit ihrem Namen an und plötzlich gehen ihr die Augen auf. Alle Tränen, alle Verzweiflung, alle Ausweglosigkeit fallen von ihr ab wie ein Schleier, und sie sieht ihren geliebten Herrn vor sich stehen. Da wendet sie sich um und spricht zu ihm auf Hebräisch: „Rabbuni!", das heißt: Meister! Wie wir von Mt 28,9 her erfahren, fällt sie vor ihm auf die Knie und umfasst seine Füße und betet ihn an – überwältigt vor Freude und Erleichterung. Das ist der Augenblick des uneingeschränkten Einklangs und der neu gefundenen Ursprünglichkeit der Beziehung – jenseits der Krise und Erschütterung des Glaubens.

Damit erlebt Maria aber zugleich das „Erwachsen-Werden" ihres Glaubens. Warum? Die erste, noch vorkritische und ungebrochene – dürfen wir im positiven Sinne sagen: „naive"? – Ursprünglichkeit ihres Glaubens war mit dem Erlebnis von Karfreitag und der einschneidenden Krise des Verlustes und der Vergänglichkeit unwiederbringlich verloren. Ihr „Kinderglaube" war zertrümmert. Zerstört war die Hoffnung auf Einheit und Geborgenheit innerhalb dieser Welt, die Sehnsucht nach ganzheitlichem und unangefochtenem Glück innerhalb der Geschichte und die Erwartung eines „ewigen Lebens" diesseits des Kreuzes und vorbei an Loslassen und Vergänglichkeit. Die unabweisbare Wirklichkeit hat ihren Kinderglauben zerschlagen. Was aber nun an seine Stelle tritt, ist nicht etwa Verzweiflung und Verbitterung über die Wirklichkeit, sondern – angesichts des auferstandenen Gekreuzigten – die erlöste Gelassenheit und Versöhnung, die um die Realität der Liebe und Gegenwart des Meisters auch noch in Anfechtung und Zweifel weiß.

Ein solcher „nachkritischer" Glaube befähigt dazu, die Wirklichkeit der Welt ohne Beschönigung wahrzunehmen und sich den Problemen ohne Rückzug auf eine „kindische" – d.h. angesichts der Situation: unreife – Naivität zu stellen. Nicht in der Weise der männlichen Jünger, die sich in der

Krise auf ihre eigenen Möglichkeiten zurückziehen und wieder wie vorzeiten allein fischen gehen wollen – als wäre nichts geschehen (Joh 21,1ff); sondern in der Weise Marias, die im Angesprochenwerden durch ihren Herrn trotz aller Tränen und Enttäuschungen, trotz aller Verzweiflung und Ausweglosigkeit plötzlich wieder die Realität Gottes – und damit wieder die Wirklichkeit des Lebens und der Liebe – sehen und hoffen darf. Für sie hat in dieser Begegnung mit dem Auferstandenen eine neue Zeit angefangen, in der es eine Versöhnung zwischen der erfahrenen Wirklichkeit und der zugesprochenen Realität Gottes im Glauben gibt – eine Versöhnung zwischen dem Mangel an Gefühl, Erfahrung und Erfolg einerseits und der Geborgenheit, Verstärkung und Hoffnung des glaubenden Vertrauens andererseits. Denn der Glaube ist erst dann „erwachsen", wenn er nicht nur die „kindischen" Züge des unmittelbaren, unkritischen und verkrampften Festklammerns überwindet, sondern neu zu einem „kindlichen", d.h. persönlich-ganzheitlichen, hoffenden und vertrauensvollen Glauben heranreift.

So kommen wir in dem „Reich unseres Meisters" nach Mt 18,1ff gerade darin zu wahrer „Größe", dass wir jenseits aller unreifen – d.h. „kindischen" – Versuche, Gott in unserem Leben durch eigene Anstrengungen und Bemühungen selbst zu vertreten, uns Christus gegenüber ganz angewiesen, offen und ungeschützt verhalten, dass wir „umkehren und wie die Kinder werden". Denn die wahre menschliche *Größe* und das wirkliche *Erwachsensein* sind – in scheinbar paradoxer Formulierung – gerade in der Fähigkeit zum *kindlichen* Vertrauen und zur versöhnten Selbstannahme selbst in *Schwachheit* und *Angewiesensein* zu erkennen. Hat Jesus seine in Größe und Erfolg verliebten Jünger nicht schon vor Kreuz und Auferstehung immer wieder auf die bevorstehende Wirklichkeit vorbereiten wollen (Mk 8,27-10,45) und ihnen eingeprägt: „Lasst *die Kinder* zu mir kommen und wehret ihnen nicht, denn solchen gehört das Reich Gottes. Amen, ich sage euch: Wer das Reich nicht *empfängt wie ein Kind*, der wird nicht hineinkommen!" (Mk 10,14f)?

Dieser Prozess des „Großwerdens" durch die Annahme des eigenen „Kleinseins" – des Empfangens im Loslassen, der Wiedergewinnung von Vertrauen jenseits der Enttäuschung – mag uns durchaus sehr schwer fallen. Er mag uns zunächst noch kraftzehrender und aufreibender erscheinen als das Festhalten an Illusionen und Selbsttäuschungen, als die verzweifelte Flucht in die Vergangenheit und das Festklammern an alten Träumen. Ist da die Versuchung nicht groß, in „kindische" – d.h. welt- und wirklichkeitsvergessene – Frömmigkeitsformen mit all ihren Gefühls- und Erfahrungsbetonungen auszuweichen und den eigenen Verstehenshorizont lieber im kleinen und überschaubaren eigenen Rahmen zu halten? Aber was ist dann mit all den Menschen um uns herum, die auf unsere hoffnungsvolle Zuwendung, unsere vertrauensvolle Energie und unseren krisenbewährten Trost angewiesen sind? Was wird mit der Wirklichkeit unserer Gesellschaft, wenn sich sogar noch die zurückziehen, die um den Neuanfang der göttlichen Auferweckung jenseits der menschlichen Verzweiflung und der Krise des Kreuzes wissen sollten?

Die Verweigerung der eigenen Entwicklung kann sich aber auch in einer kompensatorischen Zuwendung zu anderen Menschen äußern. Insofern haben wir uns gerade in der Jugendarbeit immer wieder selbstkritisch nach den Motiven unseres Engagements zu fragen. Geht es uns wirklich um „das Reich unseres Meisters" und um die uns anvertrauten „Jungen Menschen", oder suchen wir insgeheim nach Wegen des Verharrens bei Früherem, der Bestätigung unserer Unentbehrlichkeit und der Vermeidung der gegenwärtigen und zukünftigen Herausforderung? Vielleicht gebärden wir uns vor allem deshalb als „ewige Jünglinge", weil wir in Wahrheit in unserer Angst vor Veränderung und Neuem eher „alt aussehen". Sind es etwa unsere „unerledigten Hausaufgaben" eigener Persönlichkeitsentwicklung, die uns die Tätigkeit der Pädagogen nahe legen? Sind es vielleicht unsere eigenen unerlösten Erinnerungen und unerfüllten Wünsche, die uns dazu bringen, mit anderen immer wieder die Kindheit und Jugend zu teilen? Der Wunsch, anderen Zuwendung und Liebe zu schenken, kann und soll sehr wohl Ausdruck der selbst erfahrenen Liebe und Anerkennung sein; manchmal versuchen wir aber, auch anderen gerade das zu geben, was wir selbst nie erfahren und erhalten durften. So werden wir – ohne es uns einzugestehen – sehr schnell zu unerlösten Erlösern und zu hilflosen Helfern!

Nun könnten wir sagen, dass es immer noch besser ist, sich um andere Menschen aus unreifen Motiven heraus zu kümmern, als ewig mit sich selbst beschäftigt zu sein. Die Gefahr ist nur, dass wir den uns anvertrauten Menschen gerade das vorenthalten, was sie so dringend für ihre Entwicklung benötigen und was wir selbst in unserer eigenen Vergangenheit offensichtlich so sehr vermisst haben, dass es uns heute noch beschäftigt: nämlich eine voraussetzungslose Liebe und unbedingte Zuwendung und Anerkennung. Junge Menschen spüren doch, ob wir wirklich an ihnen selbst und ihrem Leben interessiert sind oder an der Dankbarkeit und Bestätigung, die wir von ihnen erwarten. Sie nehmen sehr sensibel wahr, ob es uns in unserem Glauben und Leben wirklich um Jesus Christus als „unseren Gott und Heiland" geht oder um eigene „Messiasansprüche" und persönliche Selbstdarstellung.

Mission – von lat. *missio* – bedeutet „Aufgabe" und „Sendung", nicht aber Flucht und Ersatzbefriedigung. Wenn wir „in alle Welt hingehen", weil wir mit uns nicht allein sein können, dann bekehren wir Menschen zur Einsamkeit, aber nicht zur Gemeinschaft mit Christus. Wenn wir anderen helfen wollen, weil uns keiner geholfen hat, dann machen wir sie nur noch hilfloser. Und wenn wir liebesbedürftige Menschen mit der Erwartung lieben, dass sie uns zurücklieben, dann enthalten wir ihnen gerade das Wesentliche an der Liebe – nämlich die Bedingungslosigkeit – vor. Im besten Fall werden diese Menschen selbst wiederum zu unerlösten Erlösern und rettungslosen Rettern; andernfalls bleiben sie noch verzweifelter und einsamer, unmündiger und liebeshungriger als vorher zurück. Oder müssen wir sagen, dass die erste Möglichkeit die noch traurigere ist? Denn was ist schlimmer als ein Blinder, der sich für sehend hält, und anfängt, anderen den Weg zu weisen?

Gewiss brauchen wir selbst auch immer wieder menschliche Bestätigung, und wir sind auf Zuwendung anderer bleibend angewiesen; aber dazu sollten wir Beziehungen pflegen mit Menschen, die auf gleicher Schulterhöhe stehen, die reif und selbstbewusst sind, sich mit uns auch kritisch und reflektiert auseinander zu setzen. Es mag gelegentlich die Angst vor eben dieser offenen und bewussten Auseinandersetzung sein, die uns viel lieber die Gemeinschaft mit uns anvertrauten und von uns noch abhängigen Menschen suchen lässt. Denn in der Rolle des Gebenden und Unentbehrlichen fühlen wir uns in der Regel sicherer als in der offenen Begegnung mit Personen, die es besser wissen können.

„Erwachsen" wird der Glaube nun nicht etwa darin, dass er all diese Fragen und Probleme ein für alle Mal hinter sich lässt, sondern im Gegenteil dadurch, dass er sich dieses Angewiesensein auf Liebe und Versöhnung im Bewusstsein um die eigene Bedürftigkeit und Unabgeschlossenheit selbst eingesteht. Die „reife" und „nachkritische" Jüngerschaft erweist sich nämlich nicht in gespielter Stärke und Selbstständigkeit gegenüber einem *abwesenden Gott*, sondern in einer selbstkritischen Offenheit und kindlich vertrauensvollen Zuwendung zu dem im Glauben *anwesenden Auferstandenen.* Nicht unsere Schwachheit ist unser wirkliches Problem, sondern allein die Art und Weise wie wir damit umgehen! Die

Überwindung eines „kindischen" Glaubens besteht nicht in der gespielten Unabhängigkeit und Vollkommenheit, sondern im Eingestehen der eigenen Ängste, Verwundungen und Enttäuschungen und im Loslassen der lebenshindernden und beziehungsstörenden Verkrampfungen.

Loslassen und aufbrechen

So kommt es auch in der Begegnung des auferstandenen Christus mit Maria am Grab zu dem unvermeidlichen kritischen Punkt, an dem die gerade erst getröstete und mit ihrem Verlust versöhnte Frau loslassen muss. „Spricht Jesus zu ihr: Halte mich nicht fest!" (Joh 20,17). Viele Übersetzungen geben Jesu Aufforderung mit den Worten wieder: „Rühre mich nicht an!" – entsprechend der sprichwörtlich gewordenen lateinischen Wiedergabe mit: *noli me tangere*! Dies ist sowohl vom griechischen Grundtext wie auch vom Zusammenhang her nicht ganz zutreffend. Wie wir sahen, umfasst Maria ja bereits kniend die Füße Jesu als Ausdruck ihrer Überwältigung und Verehrung (vgl. Mt 28,9). Und im Folgenden darf sogar der zweifelnde Thomas seine Finger in die Wundmale Jesu legen. Maria berührt und fühlt Jesus also bereits – wichtiger noch: sie ist vom Auferstandenen seinerseits längst angesprochen und in diesem Sinne berührt; sie hat nicht nur gefühlt und erkannt, sondern sie weiß sich von ihrem Herrn persönlich erkannt und namentlich angesprochen: „Maria!"

Nun aber geht es darum, dass dieser Moment des neuen Sehens und Erfahrens nicht festzuhalten und zu konservieren ist. Sie kann sich an dem, was sie gerade neu und überwältigend empfindet, nicht festklammern, denn Jesus geht jetzt leibhaftig zu seinem himmlischen Vater. Von dort ist er einst gekommen und dorthin gehört er bleibend – nicht zuletzt im Interesse der weltweit verbreiteten Jüngerinnen und Jünger. Hatte Jesus nicht schon zum Abschied vorbereitend gesagt:

„Ich gehe hin und komme wieder zu euch. Hättet ihr mich lieb, so würdet ihr euch freuen, dass ich zum Vater gehe ..." (Joh 14,28; 16,7). Ist das nicht schade, dass wir die neue Ursprünglichkeit, die überwältigende Erfahrung des nachkritischen Versöhntseins nicht für alle Zukunft verfügbar und fühlbar fixieren können?

Es hat mich schon immer beeindruckt, dass die Frauen und Männer, die nach der Erschütterung der Kreuzigung dem Auferstandenen begegnen durften, offensichtlich die kurze Erfahrung der umfassenden Begegnung ohne Wehmut und Trauer loslassen konnten und sich von ihren Gefühlen nicht abhängig machten (Lk 24,31ff). So liefen die beiden Emmausjünger mit brennenden Herzen und voller Freude nach Jerusalem zurück, nachdem ihr Herr vor ihren Augen wieder verschwunden war, kaum dass sie ihn erkannt hatten. Wie hatten sie ihn doch zuvor noch gedrängt, mit ihnen einzukehren, weil es schon Abend wurde und der Tag sich neigte. Nun aber, als er ihre Augen für die Realität seiner Auferstehungswirklichkeit und Gegenwart in Wort und Tischgemeinschaft geöffnet hatte, kannten sie weder Nacht noch Angst, weder Wehmut noch Trauer, sondern es drängte sie, das Erfahrene und Erkannte in neuer Zuversicht und Hoffnung mitzuteilen.

Aus dieser echten und an der Auferstehungswirklichkeit Jesu orientierten „Sammlung" ergibt sich offensichtlich auch die oft vernachlässigte „Sendung" – nicht aus Schuldbewusstsein und aufgesetzter Pflicht, sondern aus Überwältigung und eigenem Betroffensein. Die „Teilhabe" an einer so vertrauensvollen und vorbehaltlosen Beziehung, wie sie Jesus selbst zu seinem Vater hat, können wir nicht für uns behalten, wir wollen auch anderen daran „Anteil geben". Und der „Indikativ" eines solchen Evangeliums und Zuspruchs aus dem Munde des Auferstandenen ist allemal wirksamer als jeder wohlgemeinte menschliche „Imperativ"!

Spricht Jesus zu Maria: „Halte mich nicht fest! Denn ich bin noch nicht aufgefahren zum Vater. Geh aber hin zu meinen Brüdern und sage ihnen: Ich fahre auf zu meinem Vater und zu eurem Vater, zu meinem Gott und zu eurem Gott". Maria von Magdala geht und verkündigt den Jüngern: „Ich habe den Herrn gesehen, und das hat er zu mir gesagt!" (Joh 20,17f).

Dr. Hans-Joachim Eckstein ist Professor für Neues Testament an der Evangelisch-theologischen Fakultät der Universität Tübingen (www.uni-tuebingen.de/ev-theologie/eckstein).
Er wuchs in der CVJM-Arbeit des Westbundes in Bad Ems an der Lahn auf.
Vertiefende Gedanken finden sich in seinen Büchern:
Du liebst mich, also bin ich. Gedanken, Gebete und Meditationen, Holzgerlingen [12]2001;
Glaube, der erwachsen wird, Holzgerlingen [6]2002;
Ich habe meine Mitte in Dir. Schritte des Glaubens, Holzgerlingen 2000

Ulrich Parzany

Die Pariser Basis und die Arbeit des CVJM heute

Der CVJM ist so vielfältig!

Das ist ein Lob. Vielfalt ist Zeichen von Lebendigkeit. Nein, einfallslose Monotonie passt nicht zum CVJM.

Manche aber sehen im CVJM-Gesamtverband in Deutschland mit dreizehn unterschiedlich geprägten Mitgliedsverbänden, zu denen auch das Evangelische Jugendwerk in Württemberg und das Christliche Jugenddorfwerk Deutschlands gehören, so viele unterschiedliche Organisations- und Arbeitsformen, dass sie das Gemeinsame in dieser Vielfalt nicht mehr wahrnehmen können. 2200 örtliche CVJM in Deutschland - finden die einen gemeinsamen Nenner?

Ausgelöst durch die Planung und den Bau des Pavillons der Hoffnung (der „Wal") auf der Weltausstellung EXPO 2000 in Hannover haben die Leitenden des CVJM-Gesamtverbandes und seiner Mitgliedsverbände genau diese Frage gestellt: Wofür stehen wir nach innen und außen gemeinsam? Sie wollten überprüfen, ob es eine klare Kontur ihrer gemeinsamen Arbeit gibt, die auf der EXPO 2000, dem Marktplatz der Welt, sichtbar dargestellt und vertreten werden konnte.

Als Ergebnis eines längeren Prozesses wurden die „Leitlinien des CVJM" formuliert. Sie ziehen von der Grundlage der Pariser Basis die Hauptlinien aus, die unsere CVJM-Arbeit charakterisieren. Neun kompakte Sätze. Erfreulich knapp und klar. Und es war nicht schwer, sich auf diese Leilinien zu einigen. Die gemeinsame Überzeugung war und ist stark.

Tatsache ist, dass die Pariser Basis im CVJM in Deutschland heute nicht in Frage gestellt wird. Im Gegenteil, wir sehen sie als ein prophetisch klares Wort, das die Berufung des CVJM in wechselnden Zeiten und unterschiedlichen gesellschaftlichen Situationen beschreibt.

Nachdem im CVJM selbstverständlich Jungen und Mädchen, Frauen und Männer gleicherweise an Programmen teilnehmen und mitarbeiten, ist das in der Zusatzerklärung des CVJM-Gesamtverbandes von 1985 ausdrücklich formuliert worden. Wir zitieren die Pariser Basis seitdem oft in der Version „Menschen" anstatt „Männer", obwohl wir den historischen Wortlaut nicht ändern.

Hier nun die

Leitlinien des CVJM

1. Die Arbeit des CVJM geschieht auf der Grundlage der Pariser Basis des Weltbundes der CVJM und der Zusatzerklärung des CVJM-Gesamtverbandes in Deutschland:

> *„Die Christlichen Vereine junger Männer haben den Zweck, solche jungen Männer miteinander zu verbinden, welche Jesus Christus nach der Heiligen Schrift als ihren Gott und Heiland anerkennen, in ihrem Glauben und Leben seine Jünger sein und gemeinsam danach trachten wollen, das Reich ihres Meisters unter jungen Männern auszubreiten.*
>
> *Keine an sich noch so wichtige Meinungsverschiedenheit über Gegenstände, die diesem Zwecke fremd sind, sollte die Eintracht brüderlicher Beziehungen der verbundenen Vereine stören." (Paris 1855)*
>
> *„Die CVJM sind als eine Vereinigung junger Männer entstanden. Heute steht die Mitgliedschaft allen offen. Män-*

ner und Frauen, Jungen und Mädchen aus allen Völkern, Konfessionen und sozialen Schichten bilden die weltweite Gemeinschaft im CVJM. Die Pariser Basis gilt heute im CVJM-Gesamtverband in Deutschland e.V. für die Arbeit mit allen jungen Menschen." (Kassel 1985/2002)

2. Die Mitarbeitenden des CVJM sind im Glauben an Jesus Christus miteinander verbunden. Sie gehören verschiedenen christlichen Kirchen an. Der CVJM ist Teil der weltweiten Gemeinde Jesu Christi. Seine missionarische Arbeit trägt zum Aufbau der Gemeinde bei. Der CVJM sucht die Zusammenarbeit mit den christlichen Kirchen.

3. Die ehrenamtliche Mitarbeit ist im CVJM von wesentlicher Bedeutung. Ehrenamtliche und Hauptamtliche arbeiten partnerschaftlich zusammen.

4. Die Teilnahme an den Programmen des CVJM steht Jungen und Mädchen, Frauen und Männern aus allen sozialen, ethnischen, kulturellen und religiösen Gruppen offen. Die Angebote tragen zu gegenseitigem Verständnis und Respekt bei.

5. Im CVJM erleben vor allem junge Erwachsene, Jugendliche und Kinder die Liebe Gottes durch persönliche Zuwendung und Begleitung und werden zum Glauben an Jesus Christus eingeladen.

6. In der Gemeinschaft des CVJM sollen alle Wertschätzung erfahren, ihre Begabungen entdecken und entfalten und ihren Fähigkeiten entsprechend Verantwortung übernehmen.

7. Die Arbeit des CVJM geschieht ganzheitlich. Sie sieht den Menschen als Einheit von Geist, Seele und Leib, in seiner Beziehung zu sich selbst, zu anderen Menschen, zur Schöpfung und zu Gott. Sie geschieht in vielfältigen Formen der Jugendarbeit, der Jugendbildungs- und Jugendsozialarbeit.

8. Der CVJM ist ein demokratisch verfasster Jugendverband. Er vertritt jugendpolitisch die Interessen junger Menschen und unterstützt sie in der Übernahme gesellschaftlicher Verantwortung.

9. Die CVJM sind regional, national und international vernetzt und bieten dadurch jungen Menschen die Chance, durch Begegnung und Austausch voneinander zu lernen und sich für ein gerechteres Zusammenleben in der Welt einzusetzen.

Ausgehend von der „Pariser Basis“ werden wir im Folgenden die Arbeit des CVJM bedenken. Wir werden dabei die „Leitlinien des CVJM“ immer im Blick haben.

Christliche Leiterschaft – Offene Mitgliedschaft

Ist der CVJM eine Organisation nur für Christen? Nein. Seine Angebote sind für alle offen. Es ist das ausgesprochene Ziel des CVJM, mit seinen Programmen Menschen zu erreichen, die noch nicht an Jesus Christus glauben.

Aber gerade deshalb soll der CVJM von Christen geleitet werden, die ihre Arbeit bewusst auf der Grundlage der Pariser Basis tun. Die Gemeinschaft der Mitarbeiter und Mitarbeiterinnen hat naturgemäß eine besondere Bedeutung für jeden CVJM.

Die Gemeinschaft der Mitarbeitenden

Über das Verständnis und die Gestaltung dieser Gemeinschaft hat es in den letzten Jahrzehnten immer wieder gründliche, manchmal auch kontroverse Diskussionen gegeben.

Was soll sie sein? Was kann sie sein? Was soll sie nicht sein? Wer gehört zu dieser Gemeinschaft?

In der zweiten Leitlinie des CVJM heißt es: „Die Mitarbeitenden des CVJM sind im Glauben an Jesus Christus miteinander verbunden. Sie gehören verschiedenen christlichen Kirchen an. Der CVJM ist Teil der weltweiten Gemeinde Jesu Christi. Seine missionarische Arbeit trägt zum Aufbau der Gemeinde bei. Der CVJM sucht die Zusammenarbeit mit den christlichen Kirchen."

Die Pariser Basis selbst sagt, dass die CVJM den Zweck haben, solche jungen Menschen „miteinander zu verbinden, welche Jesus Christus nach der Heiligen Schrift als ihren Gott und Heiland anerkennen, in ihrem Glauben und Leben seine Jünger sein und gemeinsam danach trachten wollen, das Reich ihres Meisters unter jungen Menschen auszubreiten."

Christen bilden im CVJM eine Glaubens-, Lebens- und Dienstgemeinschaft. Wie diese Gemeinschaft gestaltet wird, hängt davon ab, in welcher Beziehung der jeweilige CVJM und seine Mitarbeitenden zu der christlichen Gemeinde bzw. den christlichen Gemeinden an ihrem Ort stehen. Häufig ist das ein enges Miteinander. Manchmal kann man das Verhältnis leider nicht so positiv beschreiben.

Jeder Christ ist Teil des Leibes Christi, der einen, weltweiten Gemeinde des Jesus Christus. Diese Gemeinschaft muss am Ort in überschaubarer Form gelebt werden. Die Zugehörigkeit zu einer geistlichen Gemeinschaft ist für einen Christen lebensnotwendig wie die Verbundenheit der Organe im Körper.

In den letzten Jahren ist uns immer klarer geworden, dass die Mitarbeiter und Mitarbeiterinnen im CVJM nicht nur in ihrer Programmfunktion gesehen werden dürfen, sondern in ihrem ganzen Leben als Christenmenschen ernst genommen werden müssen. Sie sollen nicht nur zur Erfüllung ihres Dienstes funktionieren, sondern sie sollen in der Nachfolge des Jesus Christus wachsen und ihr Leben entfalten.

Die Mitarbeitergemeinschaft braucht regelmäßige Lebensformen, in denen die Mitglieder das Leben miteinander teilen. Es reicht nicht, wenn sich ein Mitarbeiterkreis alle vier Wochen trifft, um das Programm zu planen, und dann zu Beginn oder am Ende noch eine Andacht hält. Viele CVJM haben eine neue Kultur der Mitarbeitergemeinschaft entwickelt. Sie treffen sich regelmäßig zu gemeinsamen Mahlzeiten, nehmen sich Zeit zum Bibelstudium und Gebet, sie feiern und arbeiten miteinander. Auch die Feier des Mahles des Herrn hat hier einen regelmäßigen Platz. Das geschieht in Ordnungen, die mit den Kirchen verabredet sind.

Diese Gemeinschaft der Mitarbeitenden ist Gemeinde im Sinne des Neuen Testamentes.

Damit berühren wir einen kritischen Punkt. Der CVJM will doch keine Kirche sein, oder? Aber er ist natürlich Teil der Kirche des Jesus Christus und lebt entsprechend.

Die Verständigung ist bei diesem Thema schwer, weil wir die Worte „Kirche“ und „Gemeinde“ in unterschiedlicher Bedeutung gebrauchen und damit Verwirrung anstatt Verständigung schaffen.

Kirche, Kirchengemeinde, Gemeinde – die Worte werden einerseits als organisatorische Begriffe gebraucht. Sie meinen dann eine räumlich festgelegte Kirchengemeinde (die Parochie, den Pfarrbezirk, die Pfarrgemeinde) oder eine Landeskirche. Das Wort „Kirche“ wird auch als Bezeichnung für ein besonderes Gebäude gebraucht.

Andererseits reden wir von Gemeinde im Sinne von Gemeinschaft der Christen, die sich durch Gebet, Hören des Wortes Gottes, Seelsorge und Dienst nach innen und außen äußert. Jesus hat versprochen: „Wo zwei oder drei in meinem Namen versammelt sind, da bin ich mitten unter ihnen." (Matthäus 18,20) Das ist Gemeinde des Jesus Christus.

In dieser Gemeinschaft erfahren wir die herzliche Liebe untereinander. Wir unterstützen uns gegenseitig durch Ermutigung und Korrektur. Wir lachen und weinen miteinander. Wir leiden an unserem Versagen, wir werden schuldig aneinander, wir erleben Vergebung und Versöhnung. Wir entdecken und entwickeln Gaben im Dienst für die Menschen. Wir erkennen unsere Ergänzungsbedürftigkeit und unsere Fähigkeit, andere zu ergänzen.

Für einen dynamischen CVJM ist die Gemeinschaft der Mitarbeitenden das Lebenszentrum. Sie ist der Ort der Sammlung, die Voraussetzung für die Sendung zum Dienst.

Wozu wir uns bekennen

Jesus ist der Grund unserer Zusammengehörigkeit. „Die CVJM haben den Zweck, solche jungen Menschen miteinander zu verbinden, welche Jesus Christus nach der Heiligen Schrift als ihren Gott und Heiland anerkennen, in ihrem Glauben und Leben seine Jünger sein … wollen".

Manchen ist dieses Bekenntnis zu vollmundig und zu steil, anderen ist es zu wenig und unvollständig. Gerade darin liegt das Besondere. 1855 war in Europa die Demontage der biblischen Botschaft und ihrer Aussagen über Jesus Christus durch radikale Bibelkritik voll im Gange. Die Gründer des Weltbundes der CVJM formulierten treffsicher den entscheidenden Punkt. Wir kennen Jesus Christus durch die Bibel.

Sie ist der Maßstab für Glauben und Leben. In ihr lesen wir, dass Gott selbst sich in Jesus Christus offenbart hat und unser Retter (Heiland) geworden ist. Das alles soll kein theoretisches Fürwahrhalten sein, sondern unser Leben als Schüler in der Nachfolgegemeinschaft mit Jesus Christus bestimmen. Das heißt: im Glauben und Leben.

Jesus steht im Zentrum unseres persönlichen Lebens und der Mitarbeitergemeinschaft. Das ist keine Verkürzung und Vernachlässigung des dreieinigen Gottes. Es ist das Bekenntnis, dass Gott sich in Jesus Christus geoffenbart hat. Einen anderen Zugang zu Gott gibt es für uns nicht. Ihn als Gott und Heiland zu erkennen und anzuerkennen, ist Werk des Heiligen Geistes. Indem wir Jesus Christus als Gott und Heiland anerkennen, glauben wir an den dreieinigen Gott.

Klar ist damit auch, dass der CVJM eine Bibelbewegung ist. Ohne die Bibel lernen wir Jesus nicht kennen und können ihm auch nicht als Schüler (das bedeutet das Wort „Jünger" eigentlich) folgen. Die Bibel ist für die Gemeinschaft der Mitarbeitenden wichtig. Wir lesen sie gemeinsam, weil wir uns gegenseitig helfen wollen, Jesus und seinen Weg mit uns besser kennen zu lernen. Wir lesen sie auch möglichst täglich in der persönlichen Stillen Zeit, damit Jesus unseren Alltag prägen kann.

Andere Inhalte der christlichen Lehre – wie zum Beispiel die Taufe – sind in der Pariser Basis nicht erwähnt. Bei der Gründung des Weltbundes waren u.a. Lutheraner, Reformierte, Anglikaner, Baptisten und Methodisten beteiligt. Die verschiedenen Ansichten über die Taufe traten gegenüber dem gemeinsamen Bekenntnis zu Jesus Christus zurück. Das schafft die ökumenische Weite des CVJM.

Weltweit sind wohl alle christlichen Konfessionen im CVJM vertreten. Auch in Deutschland gehören Glieder der verschiedenen Kirchen zum CVJM. Obwohl der deutsche CVJM von seiner Geschichte her stärker mit den evangelischen Kirchen verbunden ist, gibt es doch viele katholische Christen unter den Mitarbeiterinnen und Mitarbeitern, natürlich erst recht unter den Programmteilnehmern. In anderen Ländern dominieren andere Konfessionen: In Lateinamerika, Polen und Italien die römisch-katholischen Christen, in Bulgarien und Griechenland z.B. die Orthodoxen. In den Ländern Afrikas und Asiens ist die Vielfalt der christlichen Konfessionen im CVJM deutlich ausgeprägter als in Europa.

CVJM-Gottesdienste

Zur Lebensgestaltung in der Nachfolge des Jesus Christus gehört natürlich wesentlich die Feier von Gottesdiensten. Das war bis vor ca. 20 Jahren kein grundsätzliches Problem. Mitarbeiterinnen und Mitarbeiter des CVJM nahmen an den Gottesdiensten von Gemeinden in ihrem Lebensbereich teil.

Nun beobachten wir leider an vielen Orten eine tiefe Not im Blick auf die Gottesdienste. Nur wenige, meist ältere Menschen nehmen teil. Liegt es an den Formen oder am Inhalt? Liegt es an den veränderten Erwartungen und Lebensweisen der Menschen heute? Liegt es an den Pfarrern und Pfarrerinnen?

Junge Christen jedenfalls brauchen Gottesdienste, in denen sie klare und verständliche, ermutigende und weiterführende Verkündigung des biblischen Evangeliums hören. Das betrifft zunächst einmal den Inhalt der Verkündigung.

Wir erleben heute in unserer Gesellschaft eine kulturelle Vielfalt. Ich meine gar nicht die ethnisch bedingten kulturellen Unterschiede, die es in unserem Land auch und verstärkt gibt. Jung und Alt, verschiedene gesellschaftliche Gruppierungen haben unterschiedliche Lebens- und Denkweisen entwickelt. Da ist es angemessen, dass es Gottesdienste in verschiedenen Gestaltungsweisen gibt. Nichts gegen die Orgel. Sie ist ein wunderbares Instrument. Aber die klassische Kirchenmusik ist nur für eine Minderheit in unserer Gesellschaft ansprechend und nachvollziehbar. Wo steht geschrieben, dass jeder Mensch sich einem bestimmten Musikstil anpassen muss, um das Evangelium von Jesus hören zu dürfen?

Es gibt keine für alle Menschen gemeinsame kulturelle Ausdrucksform. Darum finden nicht alle Menschen gleichermaßen Zugang zu je einer kulturellen Ausprägung. Wenn es nur eine Form des Gottesdienstes in einer Kirchengemeinde gibt, bleiben alle die fern, die mit dieser kulturellen Prägung nichts anfangen können. Das Wegbleiben der jungen Leute ist am offensichtlichsten. Aber auch junge Familien und Singles zwischen 20 und 40 sind in den Gottesdiensten kaum zu finden.

Also haben an vielen Orten CVJM angefangen, Gottesdienste in unterschiedlichen Formen anzubieten. Das geschieht fast immer in gutem Einvernehmen mit den Presbyterien (Kirchenvorständen, Kirchengemeinderäten).

„Jesus Christus nach der Heiligen Schrift als Gott und Heiland anerkennen" heißt eben auch, ihn im Gottesdienst gemeinsam zu feiern. Es ist eine Freude zu sehen, wie an vielen Orten regelmäßig zusätzliche Gottesdienste zu verschiedenen Zeiten am Sonntag und in der Woche stattfinden, an denen viele junge Leute teilnehmen. Mancherorts sind Gottesdienste geradezu eine besonders wirksame Form der Jugendevangelisation geworden.

Was verstehen wir unter Mission?

Die Gemeinschaft der Christen ist kein Selbstzweck. Das gilt selbstverständlich auch für die Gemeinschaft der Christen im CVJM. Das Losungswort des Weltbundes der CVJM – „...auf dass sie alle eins seien“ – steht im Hohenpriesterlichen Gebet Jesu in folgendem Zusammenhang (Johannes 17,21-23): „Ich bitte aber nicht allein für sie, sondern auch für die, die durch ihr Wort an mich glauben werden, damit sie alle eins seien. Wie du, Vater, in mir bist und ich in dir, so sollen auch sie in uns sein, damit die Welt glaube, dass du mich gesandt hast. Und ich habe ihnen die Herrlichkeit gegeben, die du mir gegeben hast, damit sie eins seien, wie wir eins sind, ich in ihnen und du in mir, damit sie vollkommen eins seien und die Welt erkenne, dass du mich gesandt hast und sie liebst, wie du mich liebst.“

Die Einheit und Gemeinschaft der Christen ist also Teil der Absicht Gottes, sich der Welt zu offenbaren und sie zu retten. Die Gemeinschaft der Christen ist nicht zu trennen von der Sendung der Christen in die Welt. Bei dem schlechten Klang, den der Begriff „Mission“ bei vielen Zeitgenossen heute hat – auch innerhalb der Kirchen –, sei daran erinnert, dass dieses Fremdwort nichts anderes als die Übersetzung des deutschen Wortes „Sendung“ ist.

Am Abend des Auferstehungstages begegnet Jesus seinen Jüngern, spricht ihnen den Frieden zu und sendet sie zum Dienst in die Welt: „Wie mich der Vater gesandt hat, so sende ich euch.“ (Johannes 20,21) Mission (Sendung) ist also nicht zuerst unsere, sondern Gottes Aktion. Der Vater sendet den Sohn. Der Sohn sendet seine Jünger. Wer mit Jesus verbunden ist, wird durch ihn in Gottes Mission hineingezogen. Um es direkt und deutlich zu sagen: Wer Christ ist – also an Jesus Christus glaubt – ist an Gottes Mission beteiligt, oder er trennt sich von Jesus. Der Vater und der Sohn jedenfalls haben ein großes Ziel: die Rettung der Welt.

Was also ist Mission?

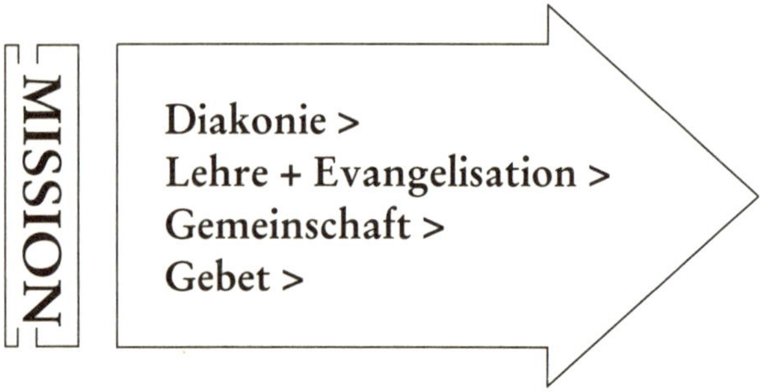

Wir verstehen Mission nach dem Neuen Testament als die ganze Sendung Gottes, in die jeder Christ mit hinein genommen wird, wenn er an Jesus Christus glaubt. Der Pfeil (siehe Abbildung) zeigt, dass Mission eine nach vorne gerichtete Bewegung mit einem Ziel ist: „Gott will, dass allen Menschen geholfen wird und sie zur Erkenntnis der Wahrheit kommen.“ (1. Timotheus 2,4) Innerhalb der Sendung Gottes können wir vier Dimensionen oder Elemente unterscheiden. Wir dürfen sie aber nicht voneinander trennen, sonst ist es nicht mehr Gottes Mission, sondern unsere eigenmächtige Unternehmung.

Das Gebet ist Kern der Mission

Der Gesandte muss auf den hören, der ihn sendet. Der Botschafter vertritt nicht seine eigene Meinung, sondern die Politik der Regierung, die ihn gesandt hat. Die Beziehung zwischen dem Gesandten und dem sendenden Gott ist also das grundlegende Element der Mission Gottes. Hören wir nicht auf Gottes Wort und antworten wir ihm nicht im Gebet, dann sind unsere Aktivitäten unser eigenes Programm oder vielleicht die Mission einer christlichen Organisation, aber nicht Gottes Mission.

Die Mission geschieht in Gemeinschaft

Jesus sendet seine Gemeinde, nicht isolierte Einzelne. Die Gemeinde des Jesus Christus wird in der Bibel als der Leib des Christus beschrieben. Der Auferstandene vollzieht seine Mission durch seinen Leib, dessen Haupt er selbst ist. Gemeinschaft ist also nicht nur die nach innen gekehrte Seite des christlichen Lebens. Sie ist zugleich die Formation, in der Jesus Christus mit seinen Leuten den Auftrag des Vaters in der Welt ausführen will. Jedes Glied hat seine besondere Fähigkeit und Aufgabe. Niemand muss alles allein tun. Wir sind ergänzungsbedürftig und ergänzungsfähig. Niemand wird überfordert, aber alle sind nötig.

In der Pariser Basis heißt es, dass sie „gemeinsam danach trachten, das Reich ihres Meisters unter jungen Menschen auszubreiten". Eine Gemeinschaft, in der die Einzelnen ihre besondere Wertschätzung und Entfaltung erleben, ist in Zeiten zunehmender Vereinzelung als Kehrseite des Individualismus von magnetischer Anziehungskraft. Sie ist selbst schon ein Teil des Angebots, das wir in Gottes Mission machen. Allein geht man ein. Alle sind eingeladen, in der Gemeinschaft mit Jesus Christus und seinem Volk zu leben.

Die Gemeinschaft der Christen muss gesund sein, damit der Auftrag Gottes ausgeführt werden kann. Wenn einige Organe im Körper ihren Dienst verweigern, ist der ganze Körper krank. Er muss sich notgedrungen mit sich selbst beschäftigen. Erst wenn die einzelnen Organe und Körperteile sich gegenseitig ergänzen und dienen, kann der Körper insgesamt für andere wirksam werden.

Ein zerstrittener Mitarbeiterkreis kann also kein hilfreiches Instrument von Gottes Mission sein. Versöhnung ist in einer solchen Situation die Voraussetzung der Mission. Vereinzelte Christen sind bei allem guten Willen überfordert. Jede und jeder soll entdecken, welche Gaben und Platzanweisung er von Gott hat. Es gibt keinen Christen, der nicht von Gott begabt ist. Es gibt aber leider Christen, die sich nicht um ihre Begabung kümmern, sie nicht entdecken und trainieren.

Es gibt auch Gemeindeleiter, die ihre Hirtenaufgabe nicht erfüllen. Die Leitungsaufgabe besteht nämlich vor allem darin, die Begabungen der Gemeindeglieder zu erkennen, sie richtig einzusetzen und zu fördern. Begabung ist nicht daran zu erkennen, dass jemand etwas perfekt und ohne Mühe tun kann. Begabungen sind im Keim vorhanden. Sie müssen entdeckt und dann trainiert werden.

Training ist regelmäßiger Einsatz mit steigender Belastung. Nicht zu viel und nicht zu wenig. Dazu dann Ermutigung und Korrektur von einem, der schon mehr Erfahrung hat. So ist es beim Sport, beim Klavier spielen, aber auch in der Verkündigung, Seelsorge und Diakonie. So wächst ein Christ in seinen Aufgaben in einer Jugendgruppe, in einem Sportprogramm, einem Musikteam, in der Organisation, in technischen Aufgaben, in der Begleitung anderer junger Leute.

Das Training geschieht in der Gemeinschaft. Damit sind wir wieder bei der großen Bedeutung der Mitarbeitergemeinschaft für den CVJM.

Die beiden weiteren Elemente der Mission sind die Verkündigung und der praktische Dienst der Liebe. Eigentlich ist das völlig selbstverständlich. Wort und Tat gehören zusammen. Trotzdem hat es immer wieder Streit darüber gegeben, was wichtiger ist oder was das Eigentliche ist.

Zwei Flügel zum Fliegen

Der englische Theologe Dr. John Stott hat einen treffenden Vergleich gebraucht: Jeder Vogel braucht zwei Flügel zum Fliegen. Wort und Tat, Verkündigung und Diakonie, Evangelisation und soziale Verantwortung sind die beiden Flügel, mit denen die christliche Gemeinschaft sich im Flug der Mission Gottes bewegt. Die Mission umfasst Wort und Tat.

Zwei Grundrichtungen der Verkündigung kann man nach den Adressaten unterscheiden. Der größte Teil der christlichen Verkündigung richtet sich an Christen. Als Predigt, Vortrag, persönliches Gespräch in der Seelsorge, Gespräch in der Bibelgruppe oder durch Medien dient sie der Förderung und Festigung des Glaubens. Der – leider – geringere Teil der Verkündigung wendet sich an Menschen, die nicht oder noch nicht an Jesus Christus glauben. Diese Verkündigung nennen wir Evangelisation.

Wir unterscheiden also zwischen Mission und Evangelisation. Mission bezeichnet die umfassende Sendung, den Gesamtauftrag. Evangelisation ist ein spezieller Teil davon. Evangelisation ist gewissermaßen die Spitze der Mission, weil sie ausdrücklich die noch nicht an Jesus glaubenden Menschen im Blick hat. Sie will neue Freunde für Jesus gewinnen. Sie folgt der Vorwärtsbewegung der Mission Gottes.

Unterscheiden, aber nicht trennen

Die vier Elemente der Mission Gottes können wir sehr wohl voneinander unterscheiden. Wir dürfen sie aber nicht trennen. Sonst sind wir nicht mehr Teilhaber an Gottes Mission.

In der CVJM-Arbeit sind Wort und Tat, Verkündigung und diakonische Arbeit in der Regel eng verwoben. In jeder

Form von Jugendarbeit geschieht praktische gegenseitige Lebenshilfe in vielfacher Form. Zugleich hat die Verkündigung in der Andacht, der Bibelarbeit, in den persönlichen Gesprächen über den Glauben ihren wichtigen Platz.

Die Verkündigung des Evangeliums schreit geradezu nach Veranschaulichung in gelebter Gemeinschaft. Das Evangelium klingt theoretisch, wenn es von der Tat der Liebe getrennt wird. Klartext und Kontext gehören zusammen.

Man kann bekanntlich auf zwei Seiten vom Pferd fallen. Worte ohne Taten verkommen zu hohler Propaganda. Aber Taten ohne den ausdrücklichen Hinweis auf Jesus Christus können zu einer Pantomime der Selbstgerechtigkeit werden: „Seht mal, wie gut ich bin!" Paulus sagt deshalb ausdrücklich: „Wir verkündigen nicht uns selbst, sondern Jesus Christus, dass er der Herr ist, wir aber eure Knechte um Jesu willen." (2.Korinther 4,5)

Freizeiten sind nach meiner Überzeugung eine der wirksamsten Formen der Jugendevangelisation. Dort geschieht die einladende Verkündigung des Evangeliums in einer umfassenden Lebensgemeinschaft – wenn auch nur auf Zeit. Aber in dieser Gemeinschaft wird das Wort durch die Taten veranschaulicht und die Taten werden durch die Worte erklärt. Die Freizeiten waren und sind deshalb sehr wichtige Formen der Evangelisation. Das schließt allerdings ein, dass auf den Freizeiten auch das Evangelium von Jesus klar mitgeteilt wird. Wo CVJM-Freizeiten nur Tourismus sind, wird eine Riesenchance verpasst.

In der Gesamtarbeit eines CVJM müssen beide Flügel der Mission bewegt werden, wenn wir vorwärts kommen wollen. Allerdings gibt es immer wieder berechtigte Schwerpunktsetzungen jeweils bei der Evangelisation oder in der sozialen Arbeit.

Viele CVJM engagieren sich in der Schularbeitenhilfe für benachteiligte Kinder und Jugendliche, in der Offenen-Tür-Arbeit, bieten betreutes Wohnen an, engagieren sich für internationale Hilfs- und Entwicklungsprojekte, begleiten Arbeitslose, tun Jugendsozialarbeit, betreiben Jugendcafés, Sportprogramme aller Art, musisch-kulturelle Angebote, sorgen für Flüchtlinge, beteiligen sich an Kampagnen für soziale und politischen Ziele. Es gibt CVJM, die betreiben Kindergärten. In manchen Ländern ist der CVJM einer der größten Anbieter von Kindergärten.

Zugleich gibt es im CVJM Verkündigungsangebote wie Glaubenskurse, Offene Abende, jugendevangelistische Wochen, evangelistische Konzerte und Gebetskonzerte, Seminare, Gesprächsgruppen, Hausbibelkreise, Freizeiten und Camps, Gottesdienste für Mitarbeiter und für Gäste.

Einzelne CVJM haben in bestimmten Arbeitsformen Schwerpunkte gebildet. Nicht wenige CVJM legen ihren Schwerpunkt auf Offene Arbeit – und damit auf ein diakonisches Angebot, das besonders an den Rand gedrängte Jugendliche und Migranten erreicht. Andere sind vorrangig in speziellen Altersgruppen engagiert.

Das Christliche Jugenddorfwerk Deutschlands (CJD) tut seit mehr als einem halben Jahrhundert die so dringend nötige Bildungs- und Jugendsozialarbeit mit Benachteiligten, die nicht ehrenamtlich zu bewältigen ist. Fast 100 000 Jugendliche finden in den etwa 150 Einrichtungen des CJD in ganz Deutschland Hilfe und Förderung. „Moderne Stätten der Begegnung mit Christus“ sollen die Jugenddörfer sein. Den Benachteiligten durch Förderung Berufschancen zu eröffnen und sie Wertschätzung spüren zu lassen, ist ein wesentlicher Ausdruck von Gottes Mission. Es ist keine leichte Aufgabe, dabei Wort und Tat miteinander zu verbinden. Christen sind herausgefordert, ihre fachliche Kompetenz mit dem persönlichen Zeugnis von Jesus glaubwürdig zu verbinden.

Es wird im CVJM – wie in der gesamten christlichen Kirche – immer wieder Schwerpunktbildungen in einem Arbeitsfeld der Gesamtmission Gottes geben müssen. Das ist nötig und gut, solange nicht ein Dienst gegen den anderen polemisch ausgespielt wird. Jeder, der sich einseitig engagieren muss, soll sich der Ergänzung durch die anderen Komponenten von Gottes Mission bewusst sein. Dann wird er auch Wege suchen und finden, wie er sich mit den ergänzenden Diensten anderer Christen verbinden kann.

Wer den Schwerpunkt in der Sozialarbeit hat, soll die Zusammenarbeit mit denen suchen, die in evangelistischer Arbeit erfahren sind. Und umgekehrt.

CVJM-Arbeit soll ganzheitlich geschehen

Das CVJM-Dreieck steht für die Ganzheitlichkeit der CVJM-Arbeit. Ursprünglich wurde mit dem Dreieck die Einheit von Leib, Seele und Geist ausgedrückt. Die Einladung zum Glauben an Jesus Christus richtet sich an den ganzen Menschen. Das schließt Ausbildung, Beruf und Familie mit ein. Darum hat der CVJM von Anfang an Bildungsangebote gemacht. Dabei ging es um Persönlichkeitsbildung wie auch um berufsorientierte Aus- und Weiterbildung.

Weil der Körper in der Bibel als Schöpfung Gottes und „Tempel des Heiligen Geistes“ (1.Korinther 6,19-20) wert geschätzt wird, ist der Sport unter dem Gesichtspunkt von Gesundheit, Gemeinschaft und Persönlichkeitsbildung ein wesentlicher Teil der CVJM-Arbeit. Das Basketballspiel wurde im CVJM erfunden und populär gemacht. Auch Volleyball kommt aus dem CVJM. Darin drücken sich die besonderen pädagogischen Ansprüche an Fairness und Kooperation aus. Aber auch Leistung wird im CVJM durchaus positiv beurteilt, wenn sie nicht menschenverachtende Formen annimmt.

Besser als mit der Einheit von Leib, Seele und Geist läßt sich die Ganzheit des Menschen durch die Beziehungen beschreiben, die jedes Menschenleben so oder so bestimmen. Jeder Mensch hat eine Beziehung zu sich selbst, zu den anderen Menschen, zu den Dingen und zu Gott. Diese vier Grundbeziehungen bestimmen jedes Leben.

Für manche erscheint es fraglich, ob auch die Beziehung zu Gott so grundlegend wichtig ist. Hängt das nicht vom persönlichen Glauben des Einzelnen ab? Die Existenz Gottes jedenfalls hängt nicht vom Glauben des Menschen ab. Gott hat die Menschen mitsamt der ganzen Welt geschaffen. Darum ist die Beziehung zu Gott – ob intakt oder gestört – für jedes Menschenleben entscheidend. Durch Jesus Christus kann das jeder wissen. Mehr, jeder kann durch Jesus eine versöhnte Beziehung zu Gott geschenkt bekommen.

Unser Leben soll in allen vier Grundbeziehungen gelingen. Das ist Gottes Absicht. Darum bietet er uns Versöhnung für die gestörten Beziehungen:

- Versöhnung mit Gott führt zur Versöhnung mit uns selbst: Wir können uns dankbar selbst annehmen. (Psalm 139,14)
- Versöhnung mit anderen Menschen: Sogar die Feinde dürfen und sollen wir lieben. (Matthäus 5,44-48)
- Versöhnung mit der Umwelt: Wir lernen einen lebensfördernden Umgang mit der Natur. (Psalm 24,1)

Die verschiedenen Beziehungen stehen in Wechselwirkung zueinander und in Abhängigkeit voneinander. Probleme in einem Bereich wirken sich auf alle anderen Bereiche aus. Lösungen für Probleme unseres Lebens müssen alle vier Beziehungen einbeziehen, wenn sie tatsächlich wirksam werden sollen. Wer nur das halbe Problem anpackt, wird bestenfalls eine halbe Lösung bekommen.

Es macht also keinen Sinn, die verschiedenen Beziehungen gegeneinander auszuspielen oder zu isolieren. Daher die Wertschätzung des Sports, der musisch-kulturellen Arbeit, der Berufsbildung, der Allgemeinbildung, der Freizeitgestaltung, der politischen Arbeit und nicht zuletzt der Evangelisation und der biblischen Vertiefung des Glaubens in der ganzheitlichen CVJM-Arbeit.

Die besondere Berufung: Arbeit mit jungen Menschen

Der CVJM hat seine Arbeit in der ersten Hälfte des 19. Jahrhunderts mit jungen Männern begonnen. Auslöser war die Veränderung der Lebensverhältnisse durch die industrielle Revolution. Junge Männer und dann auch junge Frauen wurden durch die neuen Formen der Industriearbeit häufig aus den tragenden Beziehungen ihrer Familien und der sie umgebenden Gesellschaft herausgerissen. Sie sollten im CVJM Freunde, Bildungsmöglichkeiten und Lebensorientierung finden.

Erst später, in der zweiten Hälfte des 19. Jahrhunderts, kamen die Jugendlichen – die 14- bis 17-Jährigen – in den Blick. Erst im 20. Jahrhundert die Kinder.

Für die Frauen und Mädchen setzte bald eine parallele Entwicklung ein. Bis in die Zeit nach dem Zweiten Weltkrieg gab es in Deutschland einen eigenständigen Verband für die weibliche evangelische Jugend, der seine geschlechtsspezifische Gruppenarbeit aber schließlich auflöste.

Der CVJM integrierte in zunehmendem Maße Mädchen und Frauen und änderte schließlich auch seinen Namen von „Christlicher Verein Junger Männer" in „Christlicher Verein Junger Menschen". Glücklicherweise konnte die Abkürzung „CVJM", die sich ziemlich großer Bekanntheit erfreut, erhalten bleiben.

Vor dem Weltrat des CVJM-Weltbundes 1973, der in Kampala, Uganda, stattfand, wurde eine umfassende Diskussion über die Veränderung oder Ergänzung der Pariser Basis geführt. Ergebnis: Sie wurde unverändert beibehalten. Aber die „Kampala Erklärung" wurde hinzugefügt. In der Folge dieses Prozesses wurde auch in Deutschland eine Zusatzerklärung zur Pariser Basis entwickelt und 1985 beschlossen:

> *„Die CVJM sind als eine Vereinigung junger Männer entstanden. Heute steht die Mitgliedschaft allen offen. Männer und Frauen, Jungen und Mädchen aus allen Völkern, Konfessionen und sozialen Schichten bilden die weltweite Gemeinschaft im CVJM. Die Pariser Basis gilt heute im CVJM-Gesamtverband in Deutschland e.V. für die Arbeit mit allen jungen Menschen."*

In der Fassung von 1985 waren neben Völkern noch Rassen erwähnt. Den Ausdruck empfand man mehr und mehr als missverständlich und tilgte ihn durch einen Beschluss des Hauptausschusses des CVJM-Gesamverbandes im Jahr 2002.

Inzwischen sind im CVJM alle Altersgruppen von den Kindern bis zu den Senioren vertreten. Auch die Familienarbeit spielt eine bedeutende Rolle.

Trotzdem versteht sich der CVJM vor allem als ein Jugendverband. Der Schwerpunkt seiner Berufung liegt in den Altersgruppen der jungen Erwachsenen, der Jugendlichen und

Kinder. Gerade weil der CVJM seine Jugend- und Kinderarbeit selbständig tun will, braucht er die tragende Mitgliedschaft und Mitwirkung auch der älteren Generation. Und das aus geistlichen, pädagogischen, organisatorischen und wirtschaftlichen Gründen.

Gerade wenn wir speziell die jungen Menschen im Blick haben und sie im CVJM den Raum der selbst verantworteten Lebensgestaltung finden sollen, macht es keinen Sinn, die Generationen voneinander zu trennen. Alle sind herzlich eingeladen, im CVJM mitzuleben und mitzuwirken. Voraussetzung ist allerdings, dass sie die Hauptberufung des CVJM für junge Menschen anerkennen.

Der CVJM arbeitet in der Form des Vereins

Programme und Arbeitsformen des CVJM müssen den wechselnden Erfordernissen angepasst werden. Die Vereinsform ist von Anfang an die Organisationsstruktur des CVJM gewesen. Ist das noch angemessen? Ist die Vereinsform überholt? Es gibt für uns überhaupt keinen Grund, an einer Struktur festzuhalten, die uns nicht hilft, sondern vielleicht sogar hindert, unseren Auftrag zu erfüllen.

Neben der öffentlich-rechtlichen Organisationsform der Kirchen hat sich die privatrechtliche Form des Vereins als sehr geeignet erwiesen, dass ehrenamtliche Mitarbeiter und Mitarbeiterinnen verbindlich Verantwortung übernehmen. Dabei ist es nicht erheblich, ob der Verein ins Vereinsregister des Amtsgerichtes eingetragen ist oder nicht.

Die Eigenständigkeit, die durch die Vereinsstruktur ermöglicht wird, hat pädagogische Bedeutung: Jugendarbeit braucht Eigenständigkeit, um jungen Menschen einen Raum zur eigenverantwortlichen Entfaltung zu bieten. Als Nachwuchssicherungsabteilung einer Erwachsenenorganisation muss sie durch Gängelung verkümmern. Selbstorganisation ist ein wesentliches Merkmal von Jugendverbandsarbeit. Diese Erkenntnis hat sich durchgesetzt, muss aber immer wieder verteidigt werden.

Auch für die Gestaltung der Partnerschaft zu Kirchen und Kirchengemeinden ist die Vereinsform wichtig. Leider sind die Kirchengemeinden immer noch auf Pfarrer zentriert. Die Reformation hatte zwar das „allgemeine Priestertum aller Glaubenden" als biblische Maßgabe für den Dienst der Kirche erkannt, beließ es aber aus Sorge um die Ordnung bei der Dominanz der Pfarrer.

Manche Amtsträger argumentieren damit, dass selbständige Vereine die Kirche spalten und die Einheit der christlichen Gemeinde beschädigen. Das kann man nur zurückweisen. Die Einheit der christlichen Kirche besteht nicht darin, dass sich die zur Mitarbeit bereiten Christen unter das Kommando der Pfarrer und Pfarrerinnen begeben. Die Einheit besteht in dem gemeinsamen Bekenntnis zu Jesus Christus und dem sich ergänzenden Dienst der vielfältigen Begabungen im Leib des Jesus Christus.

Die Vereinsform unterstützt die Kirchen in der praktischen Ausformung des Priestertums aller Glaubenden. Im Verein werden die verschiedenen Dienste in verbindlicher Weise für bestimmte Zeit übernommen. Der Verein bietet jungen Menschen ein Feld der Einübung in verschiedene Verantwortungsbereiche.

Damit fördert der Verein zugleich die demokratische Gesellschaft. Der Verein wird zum Lernfeld für die politische Arbeit. Er hilft auch, dass aus spontanen Initiativen dauerhaft wirkungsvolle Programme werden.

Selbstverständlich garantiert keine Organisationsform an sich, dass lebendige und wirkungsvolle Arbeit geschieht. Vereine können verknöchern. Die Struktur muss von engagierten Menschen immer wieder neu mit Leben gefüllt und als Instrument zur dynamischen Erfüllung des Auftrags genutzt werden.

Die Praxis der CVJM-Arbeit zeigt, dass der Verein bisher von keiner anderen Organisationsform im Blick auf Zweckmäßigkeit übertroffen wurde.

Der internationale Horizont der CVJM-Arbeit

Die Pariser Basis war nicht zuerst die Grundlage eines Ortsvereins, sondern wurde als Basis für den Weltbund des CVJM verfasst. Sie entstand also in einem internationalen Zusammenhang und sie beschreibt den weltweiten Auftrag des CVJM.

Ziel und Auftrag des CVJM ist die Ausbreitung der Herrschaft von Jesus Christus. Damit verbietet sich jede nationale oder kirchliche Einengung.

Die ersten Anfänge der „Jünglingsvereine" in der ersten Hälfte des 19. Jahrhunderts hatten mit der Weltmission zu tun. Die Vereine nannten sich zum Teil „Missionsjünglingsvereine". Die Mitglieder informierten sich über das weltweite Geschehen, beteten für die Weltmission und gaben für diesen Zweck ihr Geld. Viele junge Christen gingen mit den Missionsgesellschaften in den Dienst der Weltmission.

Nach dem Zweiten Weltkrieg entstand der CVJM-Weltdienst als ein Zweig der CVJM-Arbeit. Das war die Reaktion auf die überwältigende Hilfe, die der deutsche CVJM nach dem Krieg durch die internationale Familie des CVJM erfuhr. Der Weltbundpräsident und Friedensnobelpreisträger John R. Mott – seit Jahrzehnten eine führende Persönlichkeit im amerikanischen und weltweiten CVJM sowie ein Stratege der Weltevangelisation und Ökumene – kam 1946 nach Deutschland und schlug in seinen Reden die Brücke der Versöhnung.

Bob Miller, der amerikanische Bruderschaftssekretär in Deutschland, hat in den Nachkriegsjahren unendlich viel für den Wiederaufbau der CVJM-Arbeit bei uns getan. Er gab auch wesentliche Anstöße für die Entwicklung eines internationalen Engagements des deutschen CVJM.

Der CVJM arbeitet weltweit in mehr als 120 Ländern. Im Weltbund und im Europäischen Bund sind wir miteinander zusammengeschlossen. Zu etwa 30 Nationalverbänden unterhalten wir über längere Zeit partnerschaftliche Beziehungen. Zusätzlich haben einzelne Vereine und Personen aus dem CVJM Kontakte in alle Teile der Welt.

Es ist ein Vorrecht, international beim Aufbau von CVJM-Arbeit mithelfen zu dürfen oder sich gemeinsam mit den CVJM-Partnern in anderen Ländern für benachteiligte Jugendliche zu engagieren. In der gemeinsamen Arbeit lernen wir den kulturellen Reichtum unserer Freunde kennen. Im weltweiten CVJM sind Christen aus allen denkbaren christlichen Konfessionen als Verantwortliche tätig. Wir erleben geistlich eine Weitung unseres Horizontes und lernen die Vielfalt im Volke Gottes kennen.

Wir erhalten durch die weltweite Gemeinschaft wichtige Anstöße für unsere CVJM-Arbeit in Deutschland. Es ist uns darum sehr wichtig, die internationale Zusammenarbeit nicht einseitig als Hilfe zu verstehen, die wir anderen geben. Diese Einseitigkeit wäre gefährlich. Sie ist besonders gefährlich, wenn diese Hilfe vor allem in Form von Geld gegeben wird.

Wenn wir einseitige Geber-Empfänger-Beziehungen schaffen, sind die Geber eher Teil des Problems als Teil der Lösung von Problemen.

Die weltweite Gemeinschaft wird in vielen Formen erfahren. Wechelseitige Besuche mit gemeinsamen Programmen, gemeinsame Projekte für Berufsausbildung, ländliche Entwicklung, Rehabilitation von Behinderten, Expertenaustausch, Volontärseinsätze, nicht zuletzt die großen internationalen Treffen wie die Weltratstagungen und die kleinen, intensiven Seminare zu brennenden Themen der Welt und zu verschiedenen Arbeitsfeldern der CVJM-Bewegung.

Jesus hat seine Jünger von Jerusalem über Judäa und Samaria bis an die Enden der Welt gesandt, damit sie seine Zeugen sein sollen. In der Kraft des Heiligen Geistes sollen sie die Botschaft von Jesus in Wort und Tat weitergeben. Das heißt, „das Reich ihres Meisters auszubreiten". Möglichst alle Menschen sollen die rettende Liebe Gottes erfahren.

Nicht alle unsere CVJM-Partner weltweit sehen ihre Berufung in der Jugendevangelisation und in der sozialen Arbeit zugleich. Viele konzentrieren sich auf die soziale Arbeit und auf die Schul- sowie Berufsbildung. Sie sehen die Aufgabe der Verkündigung des Evangeliums stärker als spezielle Aufgabe der Kirchen, die sie ergänzen wollen. In manchen CVJM-Partnerschaften können wir aber auch in diesem für unsere Arbeit in Deutschland sehr wichtigen Feld der Evangelisation gemeinsam arbeiten und lernen.

Der CVJM versteht sich als Teil der weltweiten Gemeinde des Jesus Christus. Darum sucht er auch die Verbindung zu anderen christlichen Organisationen und Kirchen über den internationalen CVJM hinaus. Zum Beispiel sind im Rahmen der Internationalen Lausanner Bewegung für Weltevangelisation Verantwortliche aus dem CVJM seit Jahren und auch aktuell an Weltkonferenzen beteiligt. Dort entstehen Beziehungen zu profilierten Leitern unterschiedlicher Arbeitsbereiche, die wir für unsere Arbeit in Deutschland nutzen können. Angesichts der Tatsache, dass die christlichen Gemeinden in fast allen Teilen der Welt wachsen – außer in Westeuropa, müssen wir die geistliche Unterstützung der weltweiten Christenheit für die missionarische Arbeit in Deutschland stärker in Anspruch nehmen.

Wir leben in einer Zeit der Globalisierung. Die meisten spüren das in ihrem Berufsleben. Wir erleben auch, wie in unserem Land mehr Menschen mit anderem ethnischen und kulturellen Hintergrund leben. Es ist heute von besonderer Bedeutung, dass junge Menschen mit „fremden" Kulturen vertraut gemacht werden.

Wir müssen leider erleben, dass das friedliche Zusammenleben verschiedener ethnischer Gruppen nicht automatisch gelingt. Christen haben hier besondere Möglichkeiten. Sie haben eine weltweite Familie, zu der sie durch Jesus Christus gehören. Sie leben ganz selbstverständlich in einem globalen Zusammenhang. Die Verschiedenheit erfahren sie als Reichtum. Damit aber haben sie auch eine besondere Verantwortung für die Mitgestaltung des gemeinsamen Lebens im „globalen Dorf".

Challenge 21

Zum internationalen Horizont des CVJM gehört auch die Herausforderung durch die Situation anderer CVJM-Bewegungen auf anderen Kontinenten. Es stellt sich dann die Frage, ob wir die Nöte der anderen zu unseren Nöten machen und uns den entsprechenden Aufgaben stellen wollen. Oft sind wir viel stärker in die Probleme hinein verwoben, als es uns bewusst ist und als es uns lieb sein kann.

Der Weltrat des Weltbundes der CVJM hat 1998 in Frechen bei Köln einen richtungsweisenden Text unter dem Namen „Challenge 21“ (Herausforderung 21) verabschiedet. Der Text war das Ergebnis langer Beratungen über mehrere Jahre hin. Wieder einmal stand die Frage zur Debatte, ob die Pariser Basis noch aktuell gültig sein sollte. Man bemühte sich um eine kurze Formulierung, die als sogenanntes „Mission Statement“ für den Weltbund dienen könnte. Nur sehr wenige traten dafür ein, die Pariser Basis durch ein neues Mission Statement zu ersetzen. Die überwältigende Mehrheit der Nationalverbände votierte für eine weitere Gültigkeit der Pariser Basis. Der gewünschte kurze, programmatische Text kam also nicht zustande.

Nun sollte aber sozusagen in Auslegung der bestätigten Pariser Basis für die aktuellen Herausforderungen eine Aufgabenbeschreibung für den Beginn des 21. Jahrhunderts formuliert werden. „Challenge 21“ ist diese Aufgabenbeschreibung. Die Verbindlichkeit dieses Textes ist etwas abgeschwächt, weil ausdrücklich vermerkt wird, dass jeder Nationalverband die aufgezählten Aufgaben nach eigener Prioritätensetzung behandeln soll. In „Challenge 21“ spiegeln sich die gewaltigen Anforderungen, denen sich der CVJM in den verschiedenen Teilen der Welt gegenüber sieht.

(Text von Challenge 21 siehe Seite 106)

Der CVJM und die Politik

Sagt die Pariser Basis irgendetwas über Politik und politische Arbeit? Politik ist oft ein heißes Eisen. So war es von Anfang an auch im Weltbund der CVJM. Meist wird ein Teil der Pariser Basis nicht erwähnt, der damals 1855 in Paris eine große Bedeutung hatte. In den „Leitlinien des CVJM“ ist auch dieser Teil zitiert: „Keine an sich noch so wichtige Meinungsverschiedenheit über Gegenstände, die diesem Zwecke fremd sind, sollte die Eintracht brüderlicher Beziehungen der verbundenen Vereine stören."

Der Satz klingt harmlos. Wenn man aber bedenkt, dass es 1855 in Paris um unterschiedliche Sichten zur Sklaverei ging, dann spürt man die Brisanz. Wir können heute kaum verstehen, dass Christen in dieser schrecklichen Sache unterschiedlicher Meinung sein konnten. Peinlicher Weise waren sie es aber.

Es hat auch in unserer jüngeren Geschichte heftige Auseinandersetzungen über politische Themen gegeben: Die Friedensfrage, Aufrüstung und Abrüstung, Stellungnahmen zu Kriegen oder zur Apartheid in Südafrika ...

Eins geht nicht: Zu sagen, der CVJM sei unpolitisch. Jeder ist politisch. Der, der sich äußert, Stellung nimmt und handelt. Aber auch der, der nichts tut. „Wer schweigt, fördert, was im Gange ist." Dieser Satz stammt von dem früheren Bundespräsidenten Gustav Heinemann, der auch viele Jahre der Vorsitzende des CVJM Essen war. Wir sind so oder so politisch.

Es ist nötig, dass sich jeder einzelne Christ seiner Verantwortung für das Gemeinwesen bewusst ist. Er wird seinen Erkenntnissen entsprechend und hoffentlich orientiert an Gottes Wort Stellung beziehen und handeln. Die Mitglieder eines CVJM können sich einigen, in einer politischen Frage gemeinsam Position zu beziehen. Das ist auch die Möglichkeit und das Recht von CVJM-Landesverbänden und des CVJM-Gesamtverbandes.

Der CVJM muss als Organisation allerdings nicht zu allen politischen Fragen eine gemeinsame Position bilden, weil er sich im Kern nicht als politische Organisation versteht.

Wenn Mitglieder und Mitarbeitende des CVJM unterschiedliche politische Ansichten vertreten und dennoch zusammenarbeiten, leisten sie damit einen Beitrag zur politischen Kultur in der demokratischen Gesellschaft. Gegensätzliche politische Positionen offen und fair zu diskutieren, trotz kontroverser Meinungen gute persönliche Beziehungen zu pflegen – das zu lernen und zu praktizieren, ist von unschätzbarer Bedeutung für unsere Gesellschaft.

Als Jugendverband vertritt der CVJM die Interessen junger Menschen. In jugendpolitischen Fragen muss er sich auf allen Ebenen engagieren. Das ist die erweiterte Form der Diakonie. Politik ist die Gestaltung der gesellschaftlichen Rahmenbedingungen, in denen die jungen Menschen leben und in denen Jugendarbeit geschieht. Natürlich müssen wir uns in der Jugendarbeit um die jungen Leute direkt kümmern. Aber wenn ihre Möglichkeiten, Bedürfnisse und Probleme uns am Herzen liegen, dann müssen wir uns auch um Verbesserung der gesellschaftlichen Rahmenbedingungen kümmern.

Wenn ein Mensch wegen eines Schlaglochs auf der Straße gestürzt ist und sich verletzt hat, dann müssen wir ihn selbstverständlich aufheben und ihm die nötige Hilfe geben. Aber wir müssen auch dafür sorgen, dass die Straße ausgebessert wird und die Gefahrenquelle verschwindet. Die erste Form der Hilfe ist die persönliche Diakonie, die zweite Form der Hilfe ist strukturelle, d.h. politische Arbeit.

Weil die Demokratie nur funktioniert, wenn die Bürger Verantwortung übernehmen und mitwirken, muss in der Jugendarbeit die politische Bildung eine wichtige Aufgabe sein. Junge Menschen müssen Gelegenheit haben, mit den Spielregeln des politischen Lebens vertraut zu werden. Wir haben schon erwähnt, dass die Übernahme von Leitungsverantwortung in einem Verein zur Einübung dienen kann. Aber auch Konflikte fair auszutragen und bei gegensätzlichen Ansichten Kompromisse zu suchen, ist Einüben in demokratische Prozesse.

Die Tatsache, dass wir als CVJM eine weltweite Gemeinschaft bilden, bietet uns die Möglichkeit, politisch global und zugleich konkret zu reden und zu handeln. Die internationalen Konflikte betreffen in vielen Fälle Menschen, mit denen wir durch den CVJM verbunden sind. Oft kennen wir sie. Wir erfahren aus ihrer Sicht, welche schrecklichen Folgen Krieg und Terror haben. Wir kennen Menschen, die in Flüchtlingslagern leben und um eine bessere Zukunft für ihre Kinder ringen.

Die modernen Kommunikationstechniken geben uns schnellen Zugang zu den Informationen über die Lage bei unseren Partnern, auch wenn sie Tausende von Kilometern entfernt leben. Mit den Möglichkeiten wächst aber auch unsere Verantwortung.

Bildung, Ausbildung und Fortbildung

Ein Rückblick auf die bisherigen Ausführungen zeigt, dass die CVJM-Arbeit in einem umfassenden Sinn Bildungsarbeit ist. Gott hat uns Menschen zu seinem Ebenbild geschaffen. Wir sollen sein Gegenüber sein. Sein Wort will uns prägen und wir können und sollen Antwort geben. Durch diese Beziehung sind wir verantwortliche Wesen. Das funktioniert alles nicht automatisch. Bildung ist ein lebenslanger Prozess, der bewusst gestaltet werden muss. Bildung ist die Gestaltung der vier Grundbeziehungen – zu Gott, zu mir selbst, zu anderen Menschen, zu den Dingen - nach dem Bild, das Gott davon hat.

Das geschieht nicht vor allem durch theoretische Information, sondern durch gelebtes Leben. Aber es gehört dazu auch das geistige Erfassen und Beschreiben. Es gehört dazu der Erwerb von Wissen und Fertigkeiten. Es gehört dazu die Praxis, in der wir Wissen und Fertigkeiten zu Können vervollkommnen. In diesen Prozessen lernen wir, dass es Versagen, Fehler und Schuld gibt. Gottes Wort lehrt uns, was Vergebung und Erneuerung ist. Wir sehen uns selbst und andere mit neuen Augen.

Wir lernen, Verantwortung zu übernehmen. Auch das will in der Praxis eingeübt sein. In Grundkursen und Aufbaukursen der Mitarbeiterschulung im CVJM wird dazu Anleitung gegeben und die Praxis reflektiert.

Dabei wissen wir, dass wir im CVJM ergänzend zu anderen arbeiten. In den Familien, in Schulen und Hochschulen, in Werkstätten, Büros, Labors und Fabriken, in den informellen Gruppen der Gleichaltrigen, nicht zuletzt durch die Medien geschieht so oder so Bildung. Mancherorts ist es zu fruchtbarer Zusammenarbeit z.B. zwischen CVJM und Schule gekommen. In jeder guten Kinder- und Jugendarbeit werden die Beziehungen zu den Familien gepflegt, wo immer möglich. Wir haben als CVJM in diese Partnerschaft etwas einzubringen.

Wenn junge Menschen in Leitungsverantwortung hineinwachsen sollen, brauchen sie entsprechende Herausforderungen und Förderung. Die CVJM haben sich diese Förderung zur besonderen Aufgabe gemacht. Die „Leitungsakademie für Ehrenamtliche" des Evangelischen Jugendwerks in Württemberg (ejw) gehört dazu wie auch die Möglichkeit, jungen Führungskräften im Rahmen des weltweiten CVJM Erfahrungen auf internationalen Tagungen oder bei Kurzzeiteinsätzen und Volontariaten in anderen Teilen der Welt neue Erfahrungen zu erschließen.

Im Zusammenhang des Bildungsauftrags des CVJM ist es nur folgerichtig, dass der CVJM seit über 75 Jahren eine eigene Ausbildungsstätte für hauptamtliche Mitarbeiterinnen und Mitarbeiter, das CVJM-Kolleg in Kassel unterhält. Theologische, sozialpädagogische Qualifikation sowie Kenntnis in Sozialmanagement sind unabdingbar, wenn Hauptamtliche als Multiplikatoren in den verschiedenen Feldern der CVJM-Arbeit wirkungsvoll tätig werden sollen.

Im Bereich des CVJM-Gesamtverbandes unterstützen gegenwärtig etwa 700 hauptamtliche Mitarbeiterinnen und Mitarbeiter 42 000 ehrenamtliche Mitarbeitende. Was für ein Reichtum! Eine große Chance.

Die Pariser Basis weist darauf hin, dass Jesus Christus allein das Fundament, die Basis ist, auf dem das Haus Gottes aus lebendigen Menschen gebaut wird. Die Basis trägt heute und sie wird in Zukunft tragen.

Wilfried vom Baur

Die Pariser Basis – Werden und Wirkungen

1. Werden

Paris 1855 – Weltausstellung in der europäischen Metropole. Tausende aus aller Welt strömen in die Stadt.

Paris 1855 – In einer Methodistenkirche sitzen 99 Männer aus 9 Ländern zusammen; sie berichten über die Jugendarbeit in ihrem Land. Sie gründen den CVJM-Weltbund. Sie erarbeiten und verabschieden die Pariser Basis.
Aus Deutschland sind 4 Vertreter gekommen, dabei gibt es in ihrem Land noch keinen CVJM. In Deutschland heißen diese Gruppen „Jünglingsvereine". Sie treffen sich in Gemeindehäusern, Wohnungen oder „Herbergen zur Heimat". Oft werden diese Gruppen von Pfarrern geleitet, hauptamtliche Sekretäre gibt es nicht.
Ein erster Anstoß zu einem internationalen Treffen ist wohl von einem kleinen CVJM in Nordfrankreich ausgegangen.

> „ ... liebe Freunde, lasst uns kurz mitteilen, wovon wir geträumt haben. Durch einen Brief von Herrn Monnier erfahren wir, dass es Vereine junger Männer in ... fast allen Teilen der Welt gibt. Gibt es eine Vereinigung dieser verschiedenen Vereine? ... Liebe Freunde, das ist unsere Idee: Wäre nicht die Weltausstellung in Paris eine hervorragende Gelegenheit, die Vereine aus Europa zusammen zu bringen" (aus einem Brief der kleinen Studentengruppe in Caen an den CVJM in Paris. Vgl. Shedd: History of The World's Alliance of Young Men's Christian Associations. S. 105)

Große Überzeugungsarbeit ist überflüssig – der Vorschlag wird gerne aufgenommen.

Ein junger Bankangestellter aus Genf setzt sich unermüdlich für das Treffen ein: Henri Dunant. Später gründet er das Rote Kreuz.
Es ist erstaunlich, welchen weiten Horizont die junge Bewegung des CVJM bzw. der Jünglingsvereine hat: In ein und derselben Generation vereinigen sich die Gruppen regional oder national und pflegen von Anfang an auch internationale Kontakte. In Deutschland werden Jünglingsvereine ab 1823 gegründet. 1848 vereinigen sich neun Vereine zum Rheinisch-Westfälischen Jünglingsbund. Das Hauptkommunikationsmittel ist der Brief.

> „... es ist charakteristisch für die Entstehung der Jugend-Ökumene, daß der *Jungmännerbrief* bei den Gründern des Weltbundes eine so entscheidende Rolle gespielt hat. In diesen Briefen wurde ausführlich berichtet, leidenschaftlich geplant und in herzlicher Bruderschaft gegenseitig Mut gemacht. Das erregende Moment hinter dieser ganzen Korrespondenz ist die Begegnung einzelner junger Männer mit Jesus Christus.“ (Jentsch)

Nur wenige haben es sich leisten können, in persönlichen Begegnungen die brieflichen Kontakte zu vertiefen. So ist George Williams geschäftlich öfter in Paris gewesen, und es kann angenommen werden, dass er dies auch zu Treffen mit CVJM-Freunden genutzt hat.

Da sind sie nun in Paris zusammen, tauschen sich aus, lesen die Bibel, beten und feiern Gottesdienst zusammen. Viele kennen sich nicht persönlich, aber sie wissen voneinander durch die Briefkontakte. Eine paradoxe Situation: Sie kommen aus verschiedenen Ländern, Kulturen, Berufen, haben unterschiedliche geistliche Prägungen und vertreten eine Vielfalt in der praktischen Jugendarbeit. Aber das ist kein Hindernis für eine tiefe Gemeinschaftserfahrung. Ihre gemeinsame Grundlage ist der Glaube an Jesus Christus. Dieses Fundament ist so stabil, dass die Unterschiede in der Sprache, in den Arbeitsformen, in der Frömmigkeit als

Reichtum und nicht als Gefährdung der Gemeinschaft verstanden werden. Nach einem Besuch in Deutschland schreibt F. Monnier an seinen Bruder:

> „... Die Jünglingsvereine unterscheiden sich stark von unseren Vereinen ... Ihre Vereine interessieren mich, sie sind gut geführt; doch ihre Arbeit ist nicht unsere; laß uns unseren eigenen Weg gehen, aber in völliger Übereinstimmung miteinander bleiben."

Die gemeinsame Ausrichtung auf Jesus Christus als persönlichen Herrn und Heiland macht die Männer in Paris nicht oberflächlich. Einige Delegationen müssen sich deutliche Nachfragen gefallen lassen. So auch die deutschen Delegierten. Die Jünglingsvereine haben einen starken diakonischen Akzent, z.B. Freizeitgestaltung, Weiterbildung. Das führt in Paris zu der Rückfrage, ob die missionarische Arbeit vernachlässigt wird.

Es gibt keine eindeutigen Belege dafür, dass in Paris eine Erklärung verabschiedet werden soll. Allein der Vertreter des New Yorker Vereins, Abel Stevens, bringt einen Text ein, der dann modifiziert in die Pariser Basis aufgenommen wird. Die Kernaussagen der späteren Basis formuliert ein junger Rechtsanwalt aus Straßburg, Frédéric Monnier. Er greift dabei auf die Statuten des Pariser Vereins zurück, die er schon bei seinem Besuch in Deutschland als Grundlage für eine „Union" vorgeschlagen hat. In einer Nachtsitzung erarbeitet ein kleiner Ausschuss die endgültige Fassung.

Die Urfassung der Pariser Basis:
„Die Vertreter der Christlichen Vereine Junger Männer Europas und Amerikas, am 22. August 1855 in Paris zur Konferenz versammelt, durchdrungen von dem Empfinden, daß sie alle an demselben Werk und in demselben evangelischen Geiste arbeiten, und von der Verpflichtung, diese Einheit unter Wahrung voller Unabhängigkeit in der Organisation und in

den Mitteln des Handelns zum Ausdruck zu bringen, schlagen ihren entsprechenden Verbänden vor, sich nach diesem grundlegenden und künftig für jeden in den Bund zugelassenen Verein verpflichtenden Prinzip in einem Bund zusammenzuschließen:

Die Christlichen Vereine Junger Männer haben den Zweck, solche jungen Männer miteinander zu verbinden, welche Jesum Christum nach der Heiligen Schrift als Gott und Heiland anerkennen, in ihrem Glauben und Leben Seine Jünger sein und gemeinsam danach trachten wollen, das Reich ihres Meisters unter den jungen Männern auszubreiten.

Nach Abnahme dieser grundlegenden Bestimmung beschloß die Konferenz ferner:
Erstens: daß keine an sich noch so wichtige Meinungsverschiedenheit über Gegenstände, die diesem Zweck fremd sind, die Einheit brüderlicher Beziehung der verbundenen Vereine stören solle;
Zweitens: daß eine Mitgliedskarte ausgegeben werde, durch welche die Glieder der verbundenen Vereine auf die Vorrechte aller anderen zum Weltverband gehörenden Vereine sowie auf das persönliche Entgegenkommen aller Mitglieder denselben Anspruch haben.«

Berichte und erst recht Texte können Atmosphäre, Geist oder Stimmung nur unzulänglich darstellen. Umso aufmerksamer sollten solche schriftlichen Hinweise beachtet werden: Die Verabschiedung der Pariser Basis ist nicht die technische Abwicklung einer Geschäftsordnung, wie wir sie heute von Konferenzen oder Sitzungen kennen.

„Vor der Verlesung des Statutes kniete die Versammlung der jungen Männer in Paris nieder und bat um die Gegenwart ihres Meisters. Dann erhob sie sich und vernahm stehend den Wortlaut ihrer neuen Losung. Nur kurze Erklärungen wurden gegeben. Dann genehmigte man in tiefer

Bewegung den Text der Basis. Im Anschluß an diese kurze Verhandlung kniete die Versammlung ein zweites Mal nieder, um Gott zu danken und um den Segen für die weitere Arbeit zu erbitten."

Dieser geistliche Kontext hat die Pariser Basis nicht davor bewahrt, theologisch analysiert und kritisch befragt zu werden, aber erklärt vor allem die Wirkung auf die (Zusammen-) Arbeit im CVJM/YMCA und darüber hinaus.

2. Wirkungen

Die Konferenz von Paris ist vor allem ein Impuls für die nationale und regionale Arbeit gewesen. Ihr Einfluss auf neue Vereinsgründungen, auch in Ländern, in denen es bisher noch keine CVJM-Arbeit gegeben hat, kann nicht hoch genug veranschlagt werden.

Weltbund

Auf internationaler Ebene finden weitere Tagungen statt. Besonders erwähnt sei die Weltkonferenz in Genf 1878. „Schaffung tatsächlicher internationaler Beziehungen" lautet das Motto des Treffens. Für den Weltbund muss eine Organisation und eine zentrale Verwaltung geschaffen werden. Die Einrichtung eines „Internationalen Zentralkomitees" wird einstimmig beschlossen. Vertreter aus Deutschland geben wichtige Beiträge. So weist Eberhard von Rothkirch, später Vorsitzender des ersten deutschen CVJM in Berlin, auf die Aufgabe hin, junge Menschen als „Berufsarbeiter" für die Aufgaben in der Jugendarbeit zu finden. Karl Krummacher, Pfarrer in Elberfeld und Vorstandsmitglied des Rheinisch-Westfälischen Jünglingsbundes, hält einen Vortrag über „Mittel, das geistliche Leben in unseren Vereinen zu fördern". Er soll in drei Sprachen gedruckt werden.

Deutschland

In Deutschland hingegen wird die Pariser Basis mit Zurückhaltung aufgenommen. Ihre Bedeutung für die Arbeit der Jünglingsvereine wird nur begrenzt gesehen.
Als repräsentativ für die Jünglingsvereine in Deutschland kann Karl Krummacher, Vorstandsmitglied des Rheinisch-Westfälischen Jünglingsbundes, zitiert werden:

> „Diese Sätze (gemeint ist die Pariser Basis) vertreten mehr den Standpunkt der ausländischen als den der deutschen Vereine. Da wir in den meisten unserer Vereine keinen Unterschied machen zwischen besuchenden und thätigen Mitgliedern, können wir nicht die bestimmte Forderung an unsere Jünglinge stellen, für das Reich Gottes thätig zu sein. Es geschieht ja von vielen, wenn auch in bescheidener Weise, und wir freuen uns darüber, daß es geschieht ...
> Die Verpflichtung in der Pariser Basis, dass 'keine Meinungsverschiedenheit über Gegenstände, die diesem Zweck fremd sind, die Einheit brüderlicher Beziehung der verbundenen Vereine stören solle' ist für 'unsere Verhältnisse' nicht von Bedeutung.«

Jedoch sollten diese Differenzierungen Krummachers immer zusammen mit seiner Anerkennung und mit seinem Engagement für den Weltbund gesehen werden. Das wird auch durch die Tatsache belegt, dass die dritte Weltkonferenz 1865 in Elberfeld stattfindet, wo Krummacher die Delegierten zu Beginn „auf das Herzlichste“ begrüßt. Krummacher ist vermutlich auch der Verfasser der Dokumentation über die Konferenz „Sechs Tage im August 1865“.

Es bleibt beachtlich, mit welcher Freiheit in Einzelheiten die Pariser Basis in Deutschland und in den anderen Ländern ausgelebt wird. Unterschiedliche Arbeitsformen - ob sie mit der Tradition der verschiedenen Gruppen begründet werden oder als konsequente Antwort auf die konkrete Lebenssituation der jungen Männer verstanden werden - gefährden nicht die Einheit des Weltbundes.

Wohl aber liefert Krummacher mit seinen Hinweisen auf die unterschiedlichen Situationen („Verhältnisse") in den Nationalverbänden ein Stichwort, das später zum Ansatzpunkt wird, um die Pariser Basis einer kritischen Überprüfung zu unterziehen.

3. Weite

Ein Impuls für die ökumenische Bewegung

Politische und wirtschaftliche Entwicklungen ab 1850 bereiten das Feld für ein neues Denken und Handeln. Der Blick über den Tellerrand der eigenen Verhältnisse wird gewagt. Neue Verkehrsmittel (Eisenbahn) ermöglichen bzw. erleichtern nicht nur den Warentransport, sondern auch die Kommunikation von Ideen.
So ist die Entstehung des CVJM-Weltbundes in der Mitte des 19. Jahrhunderts nicht die einzige internationale Gründung, wenn auch eine der ersten.
Und im christlichen Bereich ist der CVJM-Weltbund, zusammen mit der Evangelischen Allianz eine der ersten ökumenischen, d.h. internationalen und interkonfessionellen Einrichtungen. Im kirchlichen Raum bilden sich wohl internationale Vereinigungen der Konfessionen und Denominationen (z.B. World Alliance of the Reformed Churches, 1875; Ecumenical Methodist Conferences, 1881); der Schritt zu einer Gemeinschaft von Kirchen verschiedener Bekenntnisse wird erst im 20. Jahrhundert vollzogen.

Dabei ist die Pariser Basis von großer Bedeutung.
Einer der Vorläufer des heutigen Ökumenischen Rates der Kirchen ist die „Bewegung für Glauben und Kirchenverfassung". Für eine erste Weltkonferenz dieser Organisation

werden als Voraussetzungen formuliert: „erstens das Bekenntnis zu Jesus Christus als Gott und Heiland (eine Übernahme der ‚Basis' des CVJM/YMCA,1855), und zweitens die Befugnis, Gemeinsamkeiten und Unterschiede im Glauben und in der Kirchenverfassung festzustellen ..." (Theologische Realenzyklopädie Bd. 25)

Offensichtlich hat die Pariser Basis Substanz und Weite zugleich. Sie formuliert treffend das Wesen des christlichen Glaubens und Lebens und gewährt gleichzeitig eine Offenheit, um ganz verschiedene Prägungen durch Kultur, Spiritualität und Weltsicht zu integrieren. Sie sagt nicht zu wenig, um das Zentrum des Glaubens deutlich zu beschreiben, und schreibt nicht zu viel vor, wodurch christliche Gruppen diskriminiert und von der Zusammenarbeit ausgeschlossen würden. Sie ist mehr Aufruf und Einladung als Abgrenzung und Ausschluss.

Bestätigung 1955

Mit dieser Eigenart bleibt sie nachhaltig das Fundament für die CVJM-Arbeit und wird auf der 100-Jahr-Feier 1955 in Paris feierlich bekräftigt:

> „Wir sagen Gott Dank für alles, was Er unseren Weltbund in Friedens- und Kriegszeiten während seines ersten Jahrhunderts hat tun lassen; und grüßen die, welche durch ihren opfervollen Dienst es uns möglich gemacht haben, ihr reiches Erbe zu übernehmen; wir geloben unsere unwandelbare Treue gegenüber allen, mit denen wir diese Jahrhundertfeier-Erfahrungen haben teilen dürfen, und gegenüber unseren Kameraden in jedem Teil der Welt, an die wir in diesen Tagen der Gemeinschaft miteinander besonders gedacht haben; wir erklären uns eins mit allen, welche die Fülle des Lebens, wie sie - so glauben wir - letzten Endes nur in Jesus Christus zu haben ist, der ganzen Welt zu-

kommen lassen wollen; wir bekennen demütig unser Versagen in unserer Hingabe an Ihn und unser Ungenügen bei unserem Einsatz zur Ausbreitung Seines Reiches; wir und unsere Vereine stehen von neuem bereit für Ihn und Seinen Dienst.

Den 22. August 1955"

Immerhin wird in der Erklärung anlässlich der Jahrhundertfeier auch erwähnt, dass der Weltbund auch durch schwere Zeiten gegangen ist. Vor allem nach dem ersten Weltkrieg. Zeitweise sind die Vertreter des französischen und deutschen Nationalverbandes von den Weltratstagungen ausgeschlossen gewesen.

Auf der ersten Weltkonferenz nach dem Krieg in Helsingfors 1926 treffen zwei Auffassungen über den Glaubensbegriff der Pariser Basis aufeinander. Die Basis selbst steht nicht zur Diskussion, aber ein fundamentaler Begriff: Was ist Inhalt und Bedeutung des Glaubens an Jesus Christus? Der damalige Reichswart, Dr. Erich Stange, beschreibt den Konflikt so: „Durch eine unglückliche Entwicklung ... hat sich in bestimmten angelsächsischen Kirchen eine Vorstellung entwickelt, in der das Evangelium vor allem eine soziale Botschaft zu sein scheint, die nach und nach - durch die Hilfe der Gnade Gottes - die Welt in ein Reich des Frieden und der Rechtschaffenheit verwandeln kann. Hier ist das Zeugnis der Heiligen Schrift übersehen, ‚dass das Dichten und Trachten des menschlichen Herzens böse ist' und dass neues Leben nicht aus uns entsteht, sondern nur durch eine neue Geburt im Geist."

Stange beschreibt eine theologische Strömung, die „Social Gospel" genannt wird. „Das Reich Gottes ist die dem Willen Gottes entsprechend organisierte Menschheit", so ein führender Theologe der Bewegung. Sie hat ein durchaus berechtigtes Anliegen: Eine Antwort zu finden auf die brennenden sozialen Fragen, die durch die industrielle Revolution in der

zweiten Hälfte des 19. Jahrhunderts und durch die Expansion der Städte bis in die 30er Jahre des 20. Jahrhunderts aufgebrochen sind.
Mit ihrer einseitigen Betonung der Ethik, der Ablehnung eines persönlichen Erlösungsglaubens, der kritischen bis ablehnenden Einstellung zur Autorität der Heiligen Schrift hinterfragt sie auch die theologischen Grundlagen und die Praxis der CVJM-Arbeit.

So belastend und schwierig die Diskussionen und Verhandlungen in Helsingfors auch gewesen sein mögen, sie zeigen jedoch, dass zu keiner Zeit aus der Pariser Basis eine „Wort-Ikone", ein heiliger Text gemacht worden ist, der nur verehrt und tradiert werden darf.

Die Basis des Ökumenischen Rates der Kirchen

Die Pariser Basis wird vom Ökumenischen Rat der Kirchen (ÖRK) als Grundlage für die Arbeit übernommen. In enger Anlehnung an den Text der CVJM-Grundlage beschließt die Gründungsversammlung des ÖRK 1948 in Amsterdam:
„Der Ökumenische Rat der Kirchen ist eine Gemeinschaft von Kirchen, die unseren Herrn Jesus Christus als Gott und Heiland anerkennen."
Es ist schon erstaunlich, dass der ÖRK auf die Pariser Basis zurückgreift. Umfasst er doch ein weit größeres Spektrum von Konfessionen und Denominationen. Fast hundert Jahre nach Entstehung der Pariser Basis unter ganz anderen politischen, wirtschaftlichen und kulturellen Bedingungen. Und darüber hinaus in einer Zeit, in der die Pariser Basis innerhalb der CVJM-Bewegung in Frage gestellt wird, zumindest die traditionelle Auslegung einer Überprüfung ausgesetzt wird.
Die Übernahme der Pariser Basis mit personellen Überschneidungen in den Bewegungen zu erklären (Theurer), ist nur ein unzureichender Versuch. Es ist eher die Konzentra-

tion auf die christliche Mitte und die Weisheit, sich nicht in theologische Details zu verlieren.

„Die Basis ist keine dogmatische Formel. Wurde sie ja letzten Endes doch von Laien geformt. Hätte man spezielle theologische Interessen bei der Abfassung der Basis verfochten, dann wäre wahrscheinlich bei den geistlichen Voraussetzungen der Formulierer ein Wort über den Heiligen Geist oder über den Schöpfer oder über die Kirche usw. gesagt worden. Von alledem lesen wir in der Basis nichts. Was der Weltbund in seiner Pariser Basis zeugnishaft ausdrücken will, ist nicht mehr, aber auch nicht weniger als die bewusste Wendung zum Herzstück des Evangeliums. Christus als die tragende Mitte der weltweiten Jungmännerbewegung soll bekannt werden, und zwar nicht irgendein Christus, sondern der Christus, der Sünde, Tod und Teufel überwunden hat, der also auch mit moderner Schuld und modernem Schicksal unter jungen Menschen fertig wird. Die Basis will sagen: ‚Christ der Retter ist da. Er ist für dich da.'" (Jentsch)

Auf der Vollversammlung des ÖRK in Neu Delhi 1961 wird die Basis trinitarisch erweitert:
„Der ÖRK ist eine Gemeinschaft von Kirchen, die den Herrn Jesus Christus *gemäß der Heiligen Schrift* als Gott und Heiland *bekennen und darum gemeinsam zu erfüllen trachten, wozu sie berufen sind, zur Ehre Gottes, des Vaters, des Sohnes und des Heiligen Geistes.*"
Wird durch die Ergänzung auch der knappe Text der Pariser Basis erweitert, so werden die Kernaussagen doch beibehalten. Natürlich sind in Neu Delhi verschiedene Veränderungsvorschläge diskutiert worden. Dabei ist die Fassung, die dann verabschiedet wird, auch mit dem Argument empfohlen worden, sie komme der Pariser Basis am nächsten. Es wäre ein großes Missverständnis, die Argumentation der Delegierten so zu interpretieren, als sei die Pariser Basis für sie ein ‚heiliger' Text.

Auf dem Prüfstand (Nottingham 1969 - Kampala 1973)
Auf der Weltratstagung in Nottingham 1969 wird festgestellt, dass „der heutige CVJM sich von der Bewegung von 1855 unterscheidet, und (dass) er in einer anderen Weltlage arbeitet." Deshalb wird beschlossen, die Pariser Basis zu studieren (im Sinne von „überprüfen"), „ohne das Ergebnis einer solchen Studie vorweg zu nehmen".
„Was sind die Kennzeichen des weltweiten CVJM heute, die sich auf die in Gang gekommene Studie auswirken?" - fragt der Generalsekretär des Weltbundes, Fredrik Franklin, und zählt auf:

- Der CVJM ist – weit mehr als 1855 – eine weltweite Bewegung. In jedem Erdteil, in etwa 80 Ländern ...
- Das hat zu einer großen Bandbreite seiner Programme geführt, weil versucht worden ist, den sich verändernden Bedürfnissen zu entsprechen.
- Der CVJM ist – weit mehr als 1855 - eine ökumenische Bewegung, die unter ihren Mitgliedern nicht nur Personen der protestantischen Denominationen umfasst, sondern Menschen aller größeren christlichen Konfessionen.
- Der CVJM ist eine Bewegung, die in Ländern arbeitet, wo Christen eine Minderheit sind. Und in diesen Ländern schließt das ein, dass ein großer Teil der CVJM-Mitglieder anderen Religionen angehört.
- Der CVJM ist nicht mehr allein eine Bewegung junger Männer, sondern von jungen und alten.
- Der CVJM ist nicht mehr allein eine Bewegung von Männern und Jungen, sondern auch von Frauen und Mädchen.
- Der CVJM ist eine Bewegung, weiterhin im wesentlichen christlich engagiert. Er sucht und findet immer noch Wege, den christlichen Glauben in Wort und Schrift auszulegen, aber er ist dazu gekommen, das Evangelium mehr im Dienst auszudrücken und zu verdeutlichen. Er interessiert sich mehr für die Gesellschaft

und für die Möglichkeiten, die Anlagen aller Menschen voll zu entwickeln.

Vor dem Hintergrund dieser Analyse sollen im CVJM-Weltbund die „zentrale Frage(n)“ geklärt werden:
„Wie versteht sich der CVJM in der Welt von heute?
Wie kann dieses Selbstverständnis angemessen in einer Basis-Erklärung für die CVJM-Weltbewegung zum Ausdruck kommen?
Die Frage ist deshalb, ob die Pariser Basis dieser Entwicklung noch gerecht wird.“

Diese Grundsatzdebatte soll auf allen Ebenen geführt werden. Der Weltbund beruft 1970 eine Kommission, die ihre Arbeit sofort aufnimmt. Prominente Berater, wie Dr. W. Visser't Hooft, der frühere Generalsekretär des ÖRK und Sir Frank Willis, ehemals Generalsekretär des Nationalverbandes der CVJM von England, Irland und Wales, unterstützen die Arbeit der Kommission. Die Kommission arbeitet eng mit den Nationalverbänden zusammen, verschickt Fragebögen und wertet sie aus; berücksichtigt Berichte über den Studienprozess in den Nationalverbänden. Dazu werden die Fragen nochmals präzisiert:

1. Soll die Pariser Basis in ihrer gegenwärtigen Form erhalten bleiben?
   Wenn ja, aus welchen Gründen?
2. Soll die Pariser Basis an einzelnen Stellen verändert oder ergänzt werden?
   Wenn ja, was schlagen Sie vor?
3. Falls die Pariser Basis erhalten bleibt - in ihrer gegenwärtigen oder in einer veränderten Form -, soll dann eine neue, interpretierende Erklärung hinzugefügt werden?
   Was soll eine solche Erklärung umfassen?
4. Würden Sie bevorzugen, wenn der Versuch unternommen würde, eine völlig neue Basis für die Weltbewegung zu verfassen?

Welche wesentlichen Elemente sollten dann in einer solchen Formulierung enthalten sein?
Können Sie Vorschläge bezüglich einer solchen Ausarbeitung machen?

Die Kommission sichtet die Ergebnisse und macht Vorschläge für die nächste Tagung des Weltrats. Auf der Abschluss-Sitzung der Kommission liegen die Rückmeldungen von 36 Verbänden vor. Dadurch werden 90 Prozent der CVJM-Mitglieder repräsentiert. Es sprechen sich 23 Verbände für eine Beibehaltung der Pariser Basis aus; die meisten empfehlen, eine erklärende Stellungnahme zu ergänzen. Auch die Kommission empfiehlt so. Die Empfehlung wird in Kampala inhaltlich und pragmatisch begründet.
Die inhaltliche Überprüfung der Pariser Basis hat die Kommission in drei Schritten vollzogen. Sie hat die Basis je einem „Vergangenheits-, Gegenwarts- und Zukunfts-Test" unterzogen und dabei festgestellt:

1. „Eine Basis für den heutigen CVJM soll in der Intention kompatibel sein ..." mit der Pariser Basis. (Geschichte)
2. „Der heutige CVJM sucht und findet nach wie vor Wege, den christlichen Glauben in Wort und Schrift auszulegen ..." (Gegenwart)
3. „Der CVJM muss eine Logik christlicher Hoffnung darlegen ... Der CVJM muss ‚gute Nachrichten' (good news) für unsere menschliche Zukunft haben." (Zukunft)

Pragmatisch und durchaus weise gibt die Kommission zu bedenken:

„Zugegebenermaßen die Schwierigkeiten, die einige in der Pariser Basis sehen, bleiben. Aber es scheint der Kommission gleichfalls wahrscheinlich, dass jede andere Erklärung die gleichen Schwierigkeiten macht und möglicherweise für viele noch andere hervorruft.
Folglich bestätigt die Kommission die Pariser Basis als das, was sie ist, und als das, was sie für die Entwicklung

des Weltbundes bedeutet hat. Intention mehr als Buchstabentreue ist der Schlüssel für die Erwägung."

Auf der Tagung des Weltrats wird gleichwohl die Abstimmung über die Neuformulierung einer CVJM-Basis beantragt.

„Der Weltbund der Christlichen Vereine junger Männer ist eine Bewegung, geeint durch eine gemeinsame Hingabe an unseren Herrn Jesus Christus und an die Ausbreitung seines Reiches. Er anerkennt die Kraft Jesu Christi, die einen neuen Menschen in einer neuen Welt schafft. Ausgehend von der Würde und der Gleichwertigkeit aller Menschen, sucht er besonders mit jungen Leuten, mit Menschen aller oder keiner religiösen Überzeugung zu arbeiten mit dem Ziel der Entwicklung der ganzen Person und der Verwirklichung von Gerechtigkeit, Freiheit und Frieden."

Dieser Antrag, gestellt vom Präsidenten des kanadischen CVJM, findet keine Mehrheit. Daraufhin erklären er und andere, die seinen Antrag unterstützt haben, dass sie sich dem Vorschlag der Kommission anschließen werden. Der ist dann mit überwältigender Mehrheit beschlossen worden. Dazu ein Kommentar aus der deutschen Delegation:

"Es darf als ein denkwürdiges Zeichen ökumenischer Bruderschaft gewertet werden, dass nach der Niederlage in der ersten Abstimmung der kanadische Chefdelegierte erklärte, nunmehr würde seine Delegation für die alte ‚Pariser Basis' stimmen, um die Gemeinsamkeit in dieser christlichen Weltbewegung zu erhalten." (Gerhard Stoll)

Dieser Entscheidung sind lange Diskussionen vorausgegangen. Kontroverse Standpunkte werden vertreten. Die Interessen der Delegierten sind unterschiedlich. Dabei ist es schon beachtlich, dass gerade Verbände aus Afrika und Asien für die Beibehaltung der Basis votiert haben: „Die Identität des Christen sei besonders in einer nichtchristlichen Umwelt

Voraussetzung für missionarisches Handeln und christliche Gemeinschaft."

Zwei Gründe sind ausschlaggebend für das einmütige Ergebnis in Kampala:

Zum einen ist darauf hingewiesen worden, dass die Pariser Basis den Verbänden volle „Unabhängigkeit in der Organisation und in den Mitteln des Handelns" gewährt. Das bedeutet: Weder kann ein Verband durch die historische Fassung der Pariser Basis gezwungen werden, seine Arbeit nur mit konventionellen Mitteln auf traditionellen Arbeitsfeldern auszurichten, noch wäre eine neu formulierte Basis in der Lage, alle Verbände zu einer Veränderung ihrer Arbeitsweisen zu veranlassen.

Zum anderen sind in Kampala Grundsätze formuliert worden, die auf die neue Situation, global und lokal, eingehen und daraus Konsequenzen für die CVJM-Arbeit ableiten.

Die „Kampala-Erklärung":

> *„Die Pariser Basis sagt aus, dass Christus das Zentrum der als weltweite Gemeinschaft verstandenen Bewegung ist, in der Christen aller Konfessionen miteinander verbunden sind. Sie folgt dem Grundsatz einer offenen Mitgliedschaft, die Menschen ohne Rücksicht auf ihren Glauben, ihr Alter, ihr Geschlecht, ihre Rasse und ihre sozialen Verhältnisse umfasst.*
>
> ...
>
> *In Anbetracht der Prägung der CVJM in der Welt von heute werden durch diesen Akt der Anerkennung der Pariser Basis den verschiedenen Vereinen und ihren Mitgliedern als Mitarbeiter Gottes Forderungen auferlegt, zu denen gehören:*
>
> 1. *Für Chancengleichheit und Gerechtigkeit für alle zu wirken.*
> 2. *Für die Schaffung und Erhaltung einer Welt zu wirken, in der die Beziehungen der Menschen untereinander durch Liebe und Verständnis gekennzeichnet sind.*

3. Auf Verhältnisse und deren Erhaltung im CVJM und in der Gesellschaft, ihren Organisationen und Einrichtungen hinzuarbeiten, die der Ehrlichkeit, Vertiefung und schöpferischen Fähigkeit Raum geben.
4. Formen der Mitarbeit und des Programms zu entwickeln und zu erhalten, die die Vielfalt und Tiefe christlicher Erfahrung deutlich machen.
5. Für die Entfaltung des ganzen Menschen zu wirken.“

„Mit dieser Kampala-Erklärung hat der CVJM-Weltbund eine Strategie bejaht, die, für sich genommen, stark humanitäre und soziale Aktionen hervorhebt. Sie darf aber nicht isoliert betrachtet werden, sondern muss im Zusammenhang mit der Basis gesehen werden, die solche Interpretationen erst zulässt.“ - so erklärt ein deutscher Delegierter. Und Walter Arnold, von 1964-1973 Generalsekretär des CVJM-Gesamtverbandes, stellt fest: „Keiner konnte sich dem Eindruck entziehen, dass in Kampala ein anderer Geist als in Nottingham am Werk sei.“ Diese Reaktionen zeigen, dass die Grundsatzdebatte über die Bedeutung und „Autorität“ der Pariser Basis kein „Sturm im Wasserglas“ gewesen ist, sondern die Gemeinschaft im Weltbund ernsthaft in Gefahr gebracht hat.

Neue Perspektiven (Seoul 1991 - Frechen 1998)

Als eine der wichtigen Entscheidungen der 12. Weltratstagung in Seoul 1991 kann gelten: „Weil der Weltrat glaubt, dass die Zeit für den CVJM gekommen ist, alle Aspekte seiner Rolle und Verantwortlichkeiten als eine christliche, ökumenische Laienbewegung neu zu überdenken/überprüfen, bittet er den Weltbund, zu diesem Zweck eine Kommission einzusetzen ...“ Grundlage für den Beschluss ist die Tatsache, dass der CVJM weltweit nicht nur gewachsen ist, sondern sich auch verändert hat: „Wenn wir uns der Aufgabe nähern, den Auftrag (Mission) des CVJM heute zu betrachten, ist es

ganz offensichtlich, dass wir es nicht mit der relativ homogenen Organisation der Vergangenheit zu tun haben, als 1855 die Pariser Basis oder selbst noch als die Kampala-Grundsätze formuliert wurden. Es ist eine völlig andere Größe, die darum ringt, im Kontext starker Verschiedenheit neu definiert zu werden." Schnell wird klar, dass dieser Klärungsprozess die Nationalverbände des CVJM einbeziehen muss. (Zu diesem Prozess siehe Parzany, S. 78ff)
Als Ergebnis wird 1998 in Frechen „Challenge 21" beschlossen. Diese Herausforderungen „verdeutlichen die Bedeutung von Mission auf der Grundlage der Pariser Basis und zeigen ebenso eine Entwicklung unseres Missionsverständnisses seit der Annahme der Kampala-Grundsätze."

Challenge 21
„In Bekräftigung der im Jahre 1855 verabschiedeten Pariser Basis, die weiterhin als Grundsatzerklärung zum Auftrag des CVJM gültig bleibt, erklären wir an der Schwelle zum dritten Jahrtausend, dass der CVJM eine weltweite, christliche, ökumenische Freiwilligenbewegung für Frauen und Männer mit besonderem Schwerpunkt und echter Beteiligung von jungen Menschen ist und dass er sich das christliche Ideal des Aufbaus einer menschlichen Gemeinschaft zum Ziel gesetzt hat, in der Gerechtigkeit, Liebe, Frieden und Versöhnung herrschen, damit die ganze Schöpfung an der Lebensfülle teilhat.

Jeder CVJM ist deshalb dazu aufgerufen, sich bestimmten Herausforderungen zu stellen und nach den eigenen, speziellen Gegebenheiten Prioritäten zu setzen. Diese Herausforderungen, bei denen es sich um eine Weiterentwicklung der 1973 verabschiedeten Kampala-Erklärung handelt, umfassen:

- *Die gute Nachricht von Jesus Christus weitergeben und sich für das geistliche, intellektuelle und körperliche Wohlergehen der einzelnen und das Wohl der Gemeinschaft einsetzen.*

- *Alle befähigen, besonders junge Menschen und Frauen, mehr Verantwortung und Führungsaufgaben auf allen Ebenen zu übernehmen, um für eine gleichberechtigte Gesellschaft zu arbeiten.*
- *Für die Rechte von Frauen eintreten und sie fördern und die Rechte der Kinder aufrecht erhalten.*
- *Den Dialog und die Partnerschaft zwischen Menschen unterschiedlichen Glaubens und unterschiedlicher Ideologien fördern, die kulturelle Identität von Menschen anerkennen und eine kulturelle Erneuerung unterstützen.*
- *Sich verpflichten, in Solidarität mit den armen, besitzlosen und entwurzelten Menschen sowie unterdrückten rassischen, religiösen und ethnischen Minoritäten zu arbeiten.*
- *Sich bemühen, eine Mittler- und Versöhnerrolle in Konfliktsituationen zu übernehmen, und für eine bedeutungsvolle Mitbestimmung und Förderung von Menschen für ihre Selbstbestimmung arbeiten.*
- *Die Schöpfung Gottes gegen alle sie zerstörenden Kräfte verteidigen und die Ressourcen der Erde für kommende Generationen zu bewahren.*

Um sich all diesen Herausforderungen zu stellen, wird der CVJM eine Form der Zusammenarbeit auf allen Ebenen entwickeln, die Eigenständigkeit und Selbstbestimmung stärken."

Zusatzerklärung und Leitlinien des deutschen CVJM (1985/2002)

Der CVJM-Weltbund und der CVJM in Deutschland haben über ein Jahrhundert lang die Arbeit allein auf Jungen und Männer ausgerichtet. In Deutschland ist das lange mit der starken Organisation der Mädchen- und Frauenarbeit des Burckhardthauses begründet worden.

1976 ist dann im CVJM-Gesamtverband eine Zusatzformu-

lierung verabschiedet worden, die „1985 neu formuliert wurde, um der Mitgliedschaft von Mädchen und Frauen deutlicher Rechnung zu tragen."
„Die CVJM sind als eine Vereinigung junger Männer entstanden. Heute steht die Mitgliedschaft allen offen. Männer und Frauen, Jungen und Mädchen aus allen Völkern, Konfessionen und sozialen Schichten bilden die weltweite Gemeinschaft im CVJM. Die Pariser Basis gilt heute im CVJM-Gesamtverband in Deutschland e.V. für die Arbeit mit allen jungen Menschen."
(Kassel 1985/2002)
In dieser Form findet sich die Zusatzerklärung auch in den „Leitlinien des CVJM", die sich auf die Pariser Basis beziehen und konkrete Orientierungen für die Arbeit im Bereich des CVJM-Gesamtverbandes in Deutschland geben (s. S. 56ff).

Zum Schluss:
Bei jenem historischen Treffen in Paris 1855 hat ein Delegierter festgestellt:
„Es ist nicht unsere Sache, jetzt eine Vereinigung zu organisieren. Sie besteht bereits. Unsere Frage ist, wie ihr eine sichtbare Form verliehen werden kann."
Diese „sichtbare Form" haben die Väter gefunden und in der Pariser Basis formuliert. Dabei sollte jedoch sowohl der historische Ablauf wie auch die „geistliche Logik" der Pariser Konferenz beachtet werden: Die Erkenntnis, dass die Vereine – so verschieden sie ihre Arbeit auch gestalten – in Jesus Christus verbunden sind, und die Erfahrung intensiver Gemeinschaft gehen der Verabschiedung der Pariser Basis voraus.
Kann das als Schlüssel für alle Fragen an und Diskussionen über die Pariser Basis dienen?
Es ist ein Zeichen für die Weite der Pariser Basis, dass sie nicht in die Geschichte abgedrängt wird. Sie ist und bleibt die Einladung, die jeweils aktuelle gesellschaftliche Situation und die Herausforderungen für die CVJM-Arbeit zu bedenken.